KB135348

수업에 바로 적용하는

듣기·말하기
토의·토론
방법

수업에 바로 적용하는

듣기·말하기
토의·토론
방법

장혜영
윤수영
손은영
정인숙
김봉선
지음

한국학술정보

서 문

　교육 환경이 변화함에 따라 토론 교육에 대한 기대와 요구가 증가하고 있다. 학생들의 자기 주도적 학습 능력을 길러주는 수업 방식 중 가장 일반적으로 사용되는 것이 토론이다. 실제로 토론 수업을 통해 기대할 수 있는 효과는 크다. 기본적으로 듣기, 말하기의 의사소통능력뿐만 아니라 논제를 다루는 과정에서 논리력과 설득력, 비판적 사고력을 기대할 수 있다. 나아가 문제의 해결 방법을 모색하는 과정에서 대안을 찾는 창의력, 모둠 활동을 통한 협동 등을 기대해 볼 수 있다.

　그러나 이와 같은 많은 장점에도 불구하고 토론식 교육을 수업 현장에 적용하는 것은 쉬운 일이 아니다. 교수자들이 고민하는 토론식 수업 진행의 가장 어려운 점을 들자면 다음과 같다. 첫째는 대단위 강좌에서 전체 학생이 고르게 참여할 수 있는 방법의 문제이다. 둘째는 교사와 학생 모두가 수업 준비에 대한 부담을 최소화하고 현장에서 효과적으로 활동을 진행할 수 있는 방법의 문제이다. 이 책은 이러한 교수자의 고민을 해결하고자 다양한 상황에서 수업 현장에 바로 적용할 수 있는 듣기·말하기, 토의·토론 수업 방법을 담았다.

이 책의 집필진은 명지대 사회교육대학원 평생교육학과 토론 지도 전공 학생들이다. 본교 본과는 올바른 토론 문화 정립을 위해 전문적인 토론 교육 지도자를 양성하고자 2012년에 개설되었다. 지난 7년간 많은 토론 교육 전문가들을 배출하였고, 졸업생들은 학교 안과 밖의 여러 교육 현장에서 다양한 활동으로 토론 교육에 앞장서고 있다.

이 책은 집필진의 폭넓은 경험과 깊이 있는 노하우를 바탕으로 교육 현장에서 실제로 진행했던 토의, 토론 방법 중 가장 효과적이고 교육적으로 의미가 있는 활동을 모아 담아내었다. 다양한 교육 현장에서 저마다의 현실적인 제약으로 어려움을 겪고 있는 이들에게 토론 수업의 작은 길잡이가 되어주기를 바라는 바이다.

2019년 3월 1일 집필진 일동

* 본문의 서술 과정에서 인용한 예시, 예문의 원저작자에 대해서는 주석과 참고문헌을 통해 출처를 명시하였습니다. 그 외에 미처 저작권 여부를 확인하지 못한 채 사용한 예시, 예문이 있는 경우 출판사로 연락해주시면 수정, 해결하도록 하겠습니다.
* 명지대학교 사회교육대학원 토론지도전공 https://cafe.naver.com/debatemju

CONTENTS

I

듣기

01 ▶ 정확하게 듣기

 활동 목표

정확하게 듣는 훈련, 친숙하지 않은 정보를 잘 듣는 연습

 진행 방법

1. 학생들이 필기할 준비를 한다.
2. 교사는 친숙하지 않은 정보를 모은 목록을 준비한다. (**활동 자료** 참고)
3. 교사는 목록을 읽고, 학생들은 받아 적는다.
4. 하나의 목록이 끝나고 나면 학생들이 돌아가며 메모한 것을 읽게 한다.
5. 마지막에 교사가 정확한 목록을 다시 읽어준다.

1. 활동 자료의 내용은 쉬운 것부터 난이도를 높여서 연습한다.
2. 난이도가 높아질수록 읽는 속도를 빠르게 한다.
3. 학생들이 받아 적은 것을 발표하게 하고, 잘못 적은 것에 대해 지적하지 않고 마지막 학생까지 발표하게 한다. 발표 후 가장 정확하게 발표한 학생이 누구인지 알려준다.
4. 활동 자료 활용 시 수준에 따라 양을 조절하여 듣기 활동을 한다.

산과 강 목록

태백산, 낙동강, 금강산, 설악산, 북한강,
백두산, 감악산, 지리산, 두만강, 소백산,
대동강, 금강, 한라산, 오대산, 속리산,
덕유산, 치악산, 압록강, 팔공산, 임진강,
무등산, 북한산, 관악산, 영산강, 천마산,
마니산, 유명산, 남한강, 도봉산, 섬진강,
월악산, 청천강, 주왕산, 내장산, 모악산,
화왕산, 가야산, 계룡산, 대둔산, 소요산

법안 목록

창원시법, 치료감호법, 발명교육법,
정신건강법, 지하안전법, 총포화약법
중재진흥법, 전자증권법, 스마트도시법,
옥외광고물법, 국제문화교류법,
해외농업산림법, 공간정보관리법,
해양환경보전법, 농수산물안정법,
빈집소주택정비법, 세월호선체조사위법

국제기구

국제연합(UN)
유럽연합(EU)
세계보건기구(WHO)
유엔아동기금(UNICEF)
세계무역기구(WTO)
경제협력개발기구(OECD)
국제통화기금(IMF)
국제사법재판소(ICJ)
국제올림픽위원회(IOC)
국제원자력기구(IAEA)
세계기상기구(WMO)
아시아태평양경제협력기구(APEC)
국제연합교육과학문화기구(UNESCO)
세계지적재산권기구(WIPO)
아시아-유럽정상회의(ASEM)
북대서양조약기구(NATO)

요리 재료 목록

소 갈빗살 1300g,
생강 1뿌리, 마늘 5쪽 반, 설탕 3큰술,
청주 1큰술, 매실액 2큰술,
당근 1개, 무 1/5쪽,
밤 9개, 은행 11개, 대추 9개,
메추리 알 7개, 표고버섯 35g, 감자 70g
진간장 1컵, 다진 파 5큰술,
깨소금 1~2큰술, 참기름 2작은술,
큰 양파 1/2개, 배 1/2개

대한민국 출산율 목록

연도	출생아수(명)	출산율(%)
1925	558,897	6.59
1935	646,158	6.60
1945	544,786	6.78
1955	908,134	6.33
1965	996,052	5.16
1975	874,030	3.43
1985	655,489	1.66
1995	715,020	1.634
2005	435,031	1.085
2017	357,771	1.052

대한민국 지진 목록

연도	지역	규모
1978	경북 상주	5.2
1978	충남 홍성	5.0
1980	평안북도 삭주	5.3
1981	경북 포항	4.8
1982	황해북도 사리원	4.5
1983	황해북도 평산	4.2
1985	부산 해운대	4.2
1992	전남 신안	4.4
1994	경남 울산	4.6
1996	강원 정선	4.5
1997	경북 경주	4.2
1998	인천 백령도	4.1
2003	전남 신안	4.9
2003	인천 백령도	5.0
2004	경북 울진	5.2
2013	전남 신안	4.9
2013	인천 백령도	4.9
2014	충남 태안군	5.1
2016	울산 동구	5.0
2016	경북 경주	5.8
2017	경북 포항	5.4

Taking Notes in Debate: Fun with lists, The California High School Speech Association's Curriculum Committee, *Speaking across the curriculum*, IDEA Press, 2004.

02 ▶ 듣기의 장애 요인

능동적 듣기 연습, 듣기의 장애 요인을 학습

1. 교사는 공적 말하기 또는 사적 말하기 상황에 맞는 듣기 자료를 준비한다. (**활동 자료** 참고)
2. 공적 말하기 또는 사적 말하기 예시를 들려준다.
3. 학생들에게 활동지를 나누어 주고 자신이 느낀, 또는 다른 사람에게 영향을 미쳤으리라 예상되는 장애 요인을 적는다.
4. 공적 말하기를 들을 때와 사적 말하기를 들을 때, 장애 요인에 차이가 있는지 이야기해 본다.
5. 학생들에게 좋은 듣기 자세와 좋지 않은 듣기 자세 그리고 효과적인 듣기 방법에 대해 알려준다. (**보충 자료** 참고)

활동지

● 듣기 활동지[1]

듣기 장애 요인	자신에게 영향을 미친 구체적인 예 (찾을 수 있는 경우)	다른 사람에게 영향을 미친 구체적인 예 (찾을 수 있는 경우)
외적 방해 요인		
내적 방해 요인		
듣는 사람의 말하고자 하는 욕구		
듣는 사람이 이 문제에 대해 가지고 있는 의견, 선입견		
이 문제가 지니고 있는 갈등 요소		

활동 자료

공적 말하기 예시

2018년 제주도를 통해 예멘인 500여 명이 입국했습니다. 제주출입국 · 외국인청에 따르면 올해 제주도에 들어온 예멘인은 561명입니다. 이중 549명(6월 20일 기준)이 난민 신청을 했습니다. 그리고 법무부는 6월 11일, 예멘인들에게 특별 취업허가를 내줬습니다. 원칙상 난민 신청자들은 신청일 6개월 후부터 취업이 가능하지만 이를 빨리 풀어준 것입니다. 제주에 발을 묶었으니 어쩔 도리가 없었습니다. 대신 업종은 제주도 내 일손 부족 업종으로 제한했습니다. 양식업, 어업, 요식업 등으로 모두 한국인들이 꺼리는 일자리들입니다. 취업설명회를 두 차례 열었고, 400여 명이 취업했다고 합니다. 그만큼 제주엔 일손이 부족했습니다. 현재 제주도 지역에서는 예멘 난민들을 만날 수 있습니다.

---

1) The California High School Speech Association's Curriculum Committee, *Speaking across the curriculum,* IDEA Press, 2004, 243쪽 참고.

사적 말하기 예시

우리 가족은 주말에 제주도로 여행을 갔었어. 누나 시험이 끝났거든. 우리는 서귀포에 작은 게스
트하우스에서 지냈어. 작년에도 갔던 데거든. 지난번에 갔을 때는 중국인 아주머니가 방 청소를
해 주셨는데, 이번에는 젊은 이슬람계 여자가 우리를 방으로 안내하더라고. 숙소에 짐 풀고 바닷
가에 회를 먹으러 갔는데, 해변에 삼삼오오 모여 앉은 이슬람 사람들이 보이더라고. 뉴스에 나왔
던 그 예멘 난민들일까 궁금했지만, 물어보지는 않았어. 뉴스에서 보던 제주도 난민들을 직접 보
니 신기하더라고. 뉴스에서는 난민 문제가 시끄럽던데 너는 어떻게 생각해?

● 공적 말하기와 사적 말하기

- 공적 말하기: 공적인 목적을 갖고 여러 사람을 대상으로 의견을 전하
  는 말하기로 토의, 토론, 연설 등이 있다.
- 사적 말하기: 특별한 형식 없이 일상생활에서 이루어지는 친교를 위
  한 대화, 축하, 위로의 말 등이 있다.

● 듣기 태도[2]

듣기 태도	Good 좋은 듣기 태도	Bad 좋지 않은 듣기 태도	Ugly 나쁜 듣기 태도

비언어적
반응
	· 예의 있는 자세
	· 말하는 사람과 눈 마주
	  치기
	· 필요한 경우 메모
		· 구부정한 자세
		· 눈을 보지 않음
		· 지루한 표정 짓기
			· 한자리에 있지 않고 움
			  직임
			· 다른 활동을 하면서 들음
			· 방해가 되는 소음 발생

언어적
반응
	· 적절하게 질문하기
	· 적절하게 맞장구치기
	  (야, 그렇구나, 그래서 등)
		· 주제와 상관없는 질문
		· 적절하지 못한 추임새
		  (아니! 네네 등)
			· 말 중간에 끼어들기
			· 부정적 추임새 또는 느닷
			  없이 끼어들기(천만에! 그
			  말이 아니고! 등)

2) The California High School Speech Association's Curriculum Committee, *Speaking across the curriculum*, IDEA Press, 2004, 142쪽 참고.

● 효과적인 듣기 9가지 팁[3]

효과적인 듣기 팁	수동적인 청취자는~	능동적인 청취자는~
관심 영역 찾기	관심 없는 분야라 여기고 주의를 기울이지 않는다.	나와 관련된 부분이 있는지 찾아 듣는다.
비언어가 아닌 내용을 판단	발음, 태도 등이 좋지 않으면 관심을 가지지 않는다.	발음, 태도와 관계없이 내용을 판단한다.
반응할 순간 기다리기	논쟁적 내용이 생기면 바로 반응한다.	내용에 대한 이해가 이루어질 때까지 판단을 보류한다.
생각을 듣기	사실에만 귀를 기울인다.	중심을 이루는 생각, 개념들에 귀를 기울인다.
적절하게 반응하기	아무런 반응을 보이지 않거나 듣지 않고 듣는 척한다.	성실하게 듣고, 신체 표현을 통해 잘 듣고 있음을 보여준다.
방해요소들에 대한 대응	방해요소가 생기면 쉽게 주의가 흐트러진다.	방해요소가 생겨도 집중하려고 노력한다.
마음가짐	어려운 주제는 버리고 쉬운 주제에 관심을 갖는다.	어려운 주제라도 관심을 갖는다.
열린 태도	감정적인 말에 쉽게 반응한다.	감정적인 말을 해석하고 그것에 구애받지 않는다.
말보다 생각이 빠르다는 사실	말이 느린 사람의 이야기를 들을 때 다른 생각을 한다.	말이 느린 사람의 이야기를 들을 때는 요약하거나, 근거들을 판단해보거나, 맥락에 귀를 기울인다.

---

3) The California High School Speech Association's Curriculum Committee, *Speaking across the curriculum,* IDEA Press, 2004, 245쪽 참고.

03 ▶ 능동적 듣기

 능동적 듣기 연습, 의사소통 과정의 각 단계를 학습

기본

방식 1 종이접기

1. 두 명의 학생이 교실 앞으로 나와 등을 대고 앉는다.
2. 두 학생에게 동일한 색종이를 준다.
3. 말하는 학생과 듣는 학생을 정한다.
4. 말하는 학생은 종이접기 설명서를 보며, 듣는 학생이 만들 수 있도록 설명한다. **(활동 자료** 참고)

방식 2 데칼코마니

1. 두 명의 학생이 교실 앞으로 나와 등을 대고 앉는다.
2. 말하는 학생과 듣는 학생의 역할을 정한다.
3. 말하는 학생에게 그림과 그림 설명 용지를 준다. (**활동 자료** 참고)
4. 듣는 학생은 설명에 따라 그림을 그린다.

심화

말하는 학생의 설명은 다음의 세 단계 방식으로 진행할 수 있다.

단계 1 – 등대고 앉아 말하는 학생이 혼자 일방적으로 설명하고, 듣는 학생은 질문을 할 수 없다.

단계 2 - 등대고 앉아 말하는 학생이 설명하고, 듣는 사람은 질문을 할 수 있다.

단계 3 - 서로 마주 보며 설명하지만 그림은 가린다. 질문을 할 수도 있고, 눈 맞춤과 표정 등을 통해 설명을 보충할 수 있다.

참고 자료

의사소통의 구성요소는 말하는 사람, 듣는 사람, 메시지, 전달 경로, 피드백 다섯 가지이다. 심화 단계별 적용을 통해 의사소통의 다섯 가지 구성요소를 체험해 본다. 또한 상호 작용이 있을 때와 없을 때 의사소통 상황을 비교해 본다.

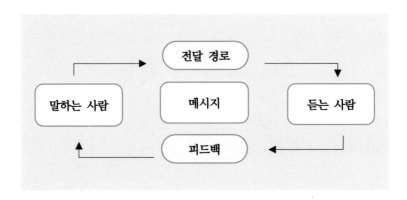

1. 종이접기 설명 활동 자료

공룡을 접어보세요.

1. 색종이로 삼각 접기를 하세요.
2. 종이 한 장만 비스듬하게 내려서 접어주세요.
3. 접은 색종이를 다른 바탕 종이에 붙여 꾸며보세요.
4. 색칠 도구로 공룡의 뿔과 갈기, 4개의 발, 꼬리 등을 멋지게 그려주면 공룡이 완성됩니다.

① ② ③

2. 데칼코마니 설명 활동 자료

명지대 로고를 그려보세요.

1. 중앙에 십자가 모양의 나무 기둥이 있어요.
2. 위쪽과 좌우, 세 개의 나뭇가지에는 큰 나뭇잎들이 무성하게 달려 있어요.
3. 나뭇가지를 둘러싸고 있는 럭비공 모양의 나뭇잎을 20개 정도 그려보세요.
4. 울창한 나무의 모양을 다듬고 나뭇잎을 청색으로 색칠해보세요.
5. 명지대학교를 상징하는 로고가 완성됩니다.

'해치'를 그려보아요.

1. 부리부리한 두 눈이 날 보고 있어요.
2. 머리에 사자처럼 긴 머리카락이 잔뜩 있어요.
3. 순록처럼 크고 붉은 뿔이 두 개 있어요.
4. 입안 가득 활활 타오르는 불을 머금고 있어요.
5. 큰 방울이 목에 달려 있어서 움직일 때마다 소리가 울려요.
6. 몸 전체가 물고기 비늘 모양으로 덮여 있어요.
7. 겨드랑이에는 깃털이 많은 날개가 있어서 날아다닐 수 있어요.
8. 4개의 발이 있고 발가락은 갈라져 있어요.
9. 꼬리 끝에 응원 수술처럼 생긴 북슬북슬한 털이 많아요.
10. 처음에는 성질이 급한 사자인 줄 알았는데 알고 보니 상상의 동물이네요.

* 참고

Block Head, Listen up, The California High School Speech Association's Curriculum Committee, *Speaking across the curriculum*, IDEA Press, 2004.

04 이야기 전달하기

 활동 목표   능동적 듣기 연습, 듣기에 있어 상호작용의 중요성을 학습

 진행 방법

1. 듣기 연습을 위한 문장을 선정한다. (**활동 자료** 참고)
2. 첫 번째 학생이 문장을 읽고, 두 번째 학생에게 귓속말로 전달한다.
3. 두 번째 학생부터 마지막 학생까지 귓속말 이어가기를 반복한다.
4. 마지막 학생이 칠판에 들은 내용을 적는다.
5. 첫 번째 학생이 받은 원고를 칠판에 적는다.
6. 참가 학생들 모두 전달받은 문장과 전달한 문장을 비교한다.
7. 전체 전달 과정을 되짚어본다.

1. 활동 전에 듣기의 중요성, 확증편향에 대해 설명한다.
2. 모둠 구성을 10명 내외로 정한다.
3. 시간을 제한한다. (전체 시간, 1인 이야기 전달 시간)
4. 문장 내용을 첫 번째 학생 외에 다른 학생들에게 노출되지 않도록 주의한다.
5. 문장의 구성은 학습자의 수준에 따라 조절 가능하며, 신문 기사나 뉴스를 사용해도 좋다.
6. 다른 모둠 학생들은 활동 중인 학생들에게 방해가 되지 않도록 지도한다.
7. 학생들은 자신이 전달한 내용을 포스트잇에 적어 두었다가 마지막 학생까지 모두 전달한 후 포스트잇을 순서대로 붙이면 차이를 확인할 수 있다.
8. 포스트잇의 문장들을 비교 검토해 듣기와 관련해 알게 된 점, 문제점을 모둠별로 작성한다.

* 확증편향이란 "자신의 가치관, 신념, 판단 따위와 부합하는 정보에만 주목하고 그 외의 정보는 무시하는 사고방식"(네이버 어학 사전)을 말한다. 사람들은 두 가지 모순되는 정보를 동시에 접할 때 '인지적 불균형' 상태로 심리적 긴장감에 빠지게 된다. 이를 해소하기 위해 내가 듣고 싶은 정보만 듣는 확증 편향을 취하게 된다. 즉, 자기 생각과 일치하는 정보는 받아들이고 그렇지 않은 정보는 가치가 없거나 사실이 아니라고 무시하는 현상을 말한다.

전달하는 문장은 2~3줄이 적당하다. 문장은 전달하려는 사건의 원인과 결과가 드러나도록 하며 육하원칙에 맞추어 구성한다. 지명, 인명 등이 열거되거나, 날짜, 숫자, 색상 등이 포함된 문장이 효과적이다.

전달 문장 예시

선생님은 아이들과 더불어 운동장에서 공을 차고 있는 친구를 본다.

참을 수 없는 존재의 가벼움인가? 존재의 참을 수 없는 가벼움인가?

인간의 의식이 사회적 존재를 결정하는 것이 아니라 인간의 사회적 존재가 그의 의식을 결정한다.

문재인 대통령은 지난해 대선 당시 어버이날인 5월 8일을 법정 공휴일로 지정하겠다고 공약하였습니다. 그러나 올해 5월 7일이 대체 휴일, 22일이 석가탄신일인 점과 어린이 돌봄 준비 미흡함을 문제로 임시 공휴일로 지정하지 않기로 하였습니다.

8월 17일 서울시 소방 본부에 따르면 119 소방대원들은 출동할 때 방화복과 공기 호흡기, 랜턴, 소방 안전화, 무전기 등 약 25kg에 육박하는 장비를 짊어지고 현장에 출동한다. 추가적으로 도끼와 비상용 조명까지 소지하면 전체 장비 무게는 30kg을 넘어선다. 여기에 소방호스까지 어깨에 메면 지탱해야 할 무게뿐만 아니라 압력까지 높아진다.

듣고 요약하고 이어가기

활동 목표 능동적 듣기 연습, 듣기에 있어 상호작용의 중요성을 학습

진행 방법

1. 즉흥 토론 논제를 준비한다. (즉흥 토론 논제 예시 **부록** 참고)
2. 토론을 이어갈 학생 4~5명과 관찰자 1명을 한 모둠으로 구성한다.
3. 첫 번째 학생이 논제 하나를 뽑아 자신의 주장을 말한다.
4. 두 번째 학생은 첫 번째 학생의 주장을 요약하고 자신의 주장을 말한다.
5. 세 번째 학생은 두 번째 학생의 주장을 요약하고 자신의 주장을 덧붙인다.
6. 이상과 같이 앞사람의 이야기를 요약하고 이어 나간다.
7. 관찰자는 활동지를 기록하며 요약이 제대로 이루어지지 않았을 경우 발언을 중지시키고 다음 사람에게 기회를 준다.

진행 Tip

1. 즉흥 논제는 빠르게 선택하고 말하기 시간을 제한한다.
2. 즉흥 논제는 학습자의 흥미에 따라 선택한다. 선택한 논제는 변경할 수 없다.
3. 예시 활동 후 수업을 진행하면 효과를 높일 수 있다.
4. 활동이 끝난 후 학생들이 자기 평가를 작성한다.

활동지

● 관찰자 활동지

논제	
학생 1	
학생 2	(요약) (주장)
학생 3	(요약) (주장)
틀린 부분	
활동 총평 - 듣기의 문제점	

* 참고
Active Listening Debate, The California High School Speech Association's Curriculum Committee, *Speaking across the curriculum*, IDEA Press, 2004.

스토리 분석적 듣기

분석적 듣기 능력 향상을 위한 활동

기본 전체 학생 대상으로 진행

1. 한 문단가량의 다양한 정보가 들어있는 듣기 자료를 준비한다.
   (**활동 자료** 참고)
2. 학생들에게 내용을 읽어주고, 메모 없이 잘 듣도록 지도한다.
3. 학생들 중 지원자를 선정하고, 지원자는 들은 내용을 반복한다.
4. 지원자의 반복 중 빠진 부분을 다른 학생들이 보충한다.

심화   이어 말하기 형태로 진행

1. 학생들 중 참가자 3~4명을 선정하고, 교실 밖에서 대기한다.

2. 다른 학생들에게는 듣기 자료 유인물을 나누어 준다.

3. 첫 번째 학생을 들어오게 한 후 내용을 들려준다.

4. 두 번째 학생을 들어오게 한 후 첫 번째 학생이 두 번째 학생에게 들은 내용을 전달한다.

5. 이상과 같이 마지막 학생까지 반복한다.

6. 활동이 끝나면 참가자들에게 듣기 자료를 확인시켜 주고 학생들과 함께 문제점에 대해 이야기한다.

7. 비언어적 표현을 사용하여 전달하는 것과 언어적 표현으로만 전달하는 것의 차이를 비교해본다.

● **듣기 자료 I – 자유의 여신상**

자유의 여신상은 미국의 독립 100주년을 기념해 프랑스가 미국에 선물한 거야. 프랑스에서 동상을, 미국에서 받침대를 만들었어. 지금은 미국 뉴욕에 있어. 자유의 여신상은 자연스럽게 흘러내리는 옷을 입었고, 오른손에는 '자유의 빛'을 상징하는 햇불을, 왼손에는 〈독립 선언서〉를 들고 있어. 또 머리에는 7개 대륙을 상징하는 뿔 달린 왕관을 쓰고 있고, 발밑에는 노예 해방을 상징하는 끊어진 족쇄를 두고 있지. 자유와 민주주의를 온몸으로 표현하고 있는 거야. 자유의 여신상은 겉으로 보기엔 조각이지만, 내부에 있는 원형 계단을 통해 왕관 부분에 있는 전망대까지 올라갈 수 있어.

● 듣기 자료 2 - 강도 사건 목격담[4]

"잘 들어. 나는 지금 병원에 가야 하거든. 내가 좀 전에 코너에 있는 주유소에서 경찰을 불렀어. 여기서 기다리고 있다가 경찰한테 강도 사건에 대해 말을 해줘. 편의점에 걸어 들어가고 있었어. 그런데 한 남자가 뛰어나왔고 하마터면 부딪칠 뻔했어. 그 남자는 하얀 가방을 가지고 있었고, 왼손에는 총을 가지고 있는 듯했어. 그는 소매를 접은 청재킷을 입고 있었고, 흰색과 파란색의 줄무늬 셔츠를 입고 있었어. 그리고 청바지를 입고 있었는데 오른쪽 무릎에 구멍이 있었어. 다리는 가늘고 배가 나왔어. 그는 얇은 테의 안경을 썼고, 발목까지 올라오는 테니스 신발을 신었어. 그는 짧은 콧수염에 머리숱이 많았고, 키는 170쯤, 아마도 30대 중반 정도로 보였어."

4) The California High School Speech Association's Curriculum Committee, *Speaking across the curriculum,* IDEA Press, 2004, 140쪽 참고.

07 영상정보 비판적 듣기

비판적 듣기 능력, 관찰 능력 향상을 위한 활동

기본 정확하게 듣기

1. 듣기 연습을 위한 뮤직비디오 또는 뉴스 클립 영상을 준비한다. (**활동 자료** 참고)
2. 학생들에게 영상을 보여주고 뮤직비디오의 경우 가사를, 뉴스 클립 영상일 경우 알게 된 점(나온 사람, 사건, 시간, 장소, 등장한 물건 등)을 적는다.
3. 4~5명의 모둠 활동을 통해 각자 적은 내용을 비교해 본다.
4. 다시 듣기 활동을 통해 내용을 확인한다. (**활동지** 참고)

심화 비판적 듣기

1. 정확하게 듣고 난 후 분석 대상 영상에서 비판적으로 받아들여야 할 부분이 있는지 각자 찾는다.
2. 모둠 활동을 통해 서로의 생각을 이야기하고 비교해 본다.
3. 다시 듣기 활동을 통해 내용을 확인한다.
4. 모둠 활동 결과를 발표한다.

개별 활동지

	영상을 통해 알게 된 점	모둠 활동을 통해 알게 된 점	다시 듣기를 통해 알게 된 점
정확하게 듣기 내용			
비판적 듣기 내용			

영상 정보 비판적 듣기 수업 자료

● 노래 가사 – 가사에 담긴 여성에 대한 시각을 비교하며 듣기
〈예시〉 이승기 '내 여자라니까', 이적 '다행이다', 방탄소년단 '호르몬 전쟁' 등

● 광고 영상 – 광고에 나타난 문제점을 비판적으로 수용하며 듣기
〈예시〉 베스킨라빈스 8콘 광고, 질레트 면도기 광고, 위닉스 뽀송 제습기 광고 등

● 뉴스 영상 – 환경문제를 다룬 기사를 보고 정확하게 듣는 연습하기
〈예시〉 연합뉴스 '갈색 지구?'… 온난화·이상기후로 신음하는 지구
뉴스투데이 미세먼지 몰려오면 "전 국민이 흡연자"
EBS 뉴스 "플라스틱 없는 빨대"의 시대

* 비판적 사고란?

어떤 사태에 처했을 때 감정 또는 편견에 사로잡히거나 권위에 맹종하지 않고 합리적이고 논리적으로 분석·평가·분류하는 사고과정. 즉, 객관적 증거에 비추어 사태를 비교·검토하고 인과관계를 명백히 하여 여기서 얻어진 판단에 따라 결론을 맺거나 행동하는 과정을 말한다.
(교육학 용어 사전. 2011. 03. 11., 하우동설)

* 비판적 듣기를 하려면?

1. 영상을 수동적이 아닌 능동적으로 보아야 한다.
2. 영상 출처나 제작자의 신뢰도를 평가하며 보아야 한다.
3. 정보가 나에게 도움이 되고 가치가 있는지를 평가하며 보아야 한다.

* 가짜 뉴스 구별법 7

1. 뉴스의 출처를 파악하라.
2. 글을 끝까지 읽어라.
3. 작성자를 확인하라.
4. 근거자료를 확인하라.
5. 작성 날짜를 확인하라.
6. 자신의 생각이 한쪽으로 치우친 것은 아닌가 생각해보라.
7. 전문가에게 물어보라. (출처: http://www.factcheck.org)

08 참, 거짓, 글쎄?

활동 목표

분석적, 비판적 듣기 능력을 연습,
지문에 드러나지 않은 정보를 추론하는 연습,
이분법적 사고를 지양하는 연습

진행 방법

1. 학생들에게 이야기를 들려준 후, 이야기에 대한 몇 가지 질문을 할 것
   임을 안내한다.
2. 교사가 읽어주는 이야기 내용을 듣고, 이야기에 대한 각 질문의 진술문
   이 확실히 사실이면 '참(T)', 진술이 틀렸다면 '거짓(F)', 진술의 일부
   가 의심스럽거나 이야기의 근거로 확신할 수 없다면 '글쎄(?)'로 표시
   할 것을 일러준다.

1. 모둠 활동으로 진행 가능하다.
2. 개별적으로 진술문에 대한 답 작성을 한 후 앞뒤 4명씩 모여 각자 작성한 답을 돌아가며 발표한다.
3. 각자 작성한 답은 수정이 가능하다. 그러나 수정해도 틀릴 수 있다는 점을 미리 상기시킨다.
4. 활동이 끝나면 교사와 함께 답을 확인한다.

이야기 1 – 우리 동네 상점

사거리 '왕짜장' 중국 식당 앞에서 오른쪽으로 꺾어서 피아노 학원을 지나면 남자 1명, 여자 1명의 약사가 일하고 있는 '소망 약국'이 있다. 약국 왼쪽, 할머니들이 앉아계시는 작은 정자는 동네 사람들이 오고 가며 쉬는 장소이다. 길 건너편에는 쌈밥집이 있고 그 옆에는 전자마트가 있다. 전자마트 유리 문 안으로 냉장고, 청소기, 텔레비전, 컴퓨터가 보인다. 텔레비전 속에서는 휴대폰 광고 장면으로 여러 행성들이 나오고 있다. '황소마을' 가게 앞에는 고기 굽는 냄새가 진동했고 시끄러운 소리가 흘러나왔다.

* 이야기 1에 대한 진술
1. '왕짜장'은 사거리에 위치해 있다.
2. '소망 약국'의 약사는 두 명이다.
3. '소망 약국'의 두 약사는 남매지간이다.
4. 동네 작은 정자는 할머니, 할아버지만을 위한 곳이다.
5. 정자 옆에는 쌈밥집이 있고 그 건너편에는 전자마트가 위치해 있다.
6. 이 동네에는 피아노 학원과 미술 학원이 있다.
7. 전자마트 안에 세탁기는 없었다.
8. 전자마트의 텔레비전 속에서는 행성들과 UFO가 등장하는 휴대폰 광고가 나오고 있었다.
9. '황소마을' 가게 앞으로 고기 굽는 연기가 심하게 흘러나왔다.
10. '황소마을' 가게 안에는 많은 사람들이 있었다.
11. 정자의 오른쪽에는 '소망 약국'이 있다.

Answers: 1. T, 2. T, 3. ?, 4. F, 5. F, 6. ?, 7. ?, 8. F, 9. ?, 10. ?, 11. T

이야기 2 - 가족 여행[5)]

한 남자는 아내와 11살, 14살의 아들들과 3년 된 빨간 자동차를 타고 전국을 여행했다. 그들은 그달 13일의 금요일에 여행을 시작했다. 아내는 그날 떠난다는 생각이 마음에 들지 않는다고 말했고, 남자는 그녀의 말에 웃었다. 여행 중에 자동차 창문이 고장 났다. 14살 소년은 물에 빠질 뻔했고, 11살 소년이 난생처음으로 차멀미를 하게 되었다. 아내는 햇볕에 심하게 탔다. 그 남자는 낚싯대를 잃어버렸다.

* 이야기 2에 대한 진술

1. 그 가족에는 두 명 미만의 아이들이 있었다.
2. 뒷좌석 자동차 문이 고장 나서 열리지 않았다.
3. 아내는 13일의 금요일에 떠나는 것에 대해 신경 쓰지 않았다.
4. 그의 아내가 미신을 믿었기 때문에 그는 여행을 취소했다.
5. 11살 소년은 전에 차멀미를 해본 적이 없다.
6. 그 가족의 여행은 13일의 금요일에 시작되었다.
7. 11살의 소년은 낚싯대를 잃어버렸다.
8. 14살 소년은 물에 빠졌다.
9. 빨간 세단은 3년 되었다.
10. 이 이야기는 여행을 가는 가족의 이름을 언급한다.
11. 아내는 햇볕 속에서 시간을 보냈다.
12. 가족이 이용한 자동차의 제조사는 이야기에 언급되지 않았다.
13. 그 남자는 13일의 금요일에 대한 아내의 공포를 비웃었다.

Answers: 1. F, 2. ?, 3. F, 4. F, 5. T, 6. T, 7. ?, 8. F, 9. ?, 10. F, 11. T, 12. T, 13. ?

---

5) The California High School Speech Association's Curriculum Committee, *Speaking across the curriculum*, IDEA Press, 2004, 151쪽 참고.

```
┌─────────────────────────────────────────────────────────────┐
│                                                               │
│              이야기 3 - 한밤중에 일어난 일6)                    │
│                                                               │
│   스미스 부부는 한밤중에 자고 있었습니다. 그러던 중 스미스는 그들의 거실 방향에서 오는 소음  │
│   으로 눈을 뜨게 됩니다. 스미스는 상황을 살피기 전에 잠겨 있다고 생각했던 정원에 문이 열렸다  │
│   는 것을 발견했습니다. 책과 서류는 방 한구석에 있는 책상 주변 바닥에 흩어져 있습니다.  │
│                                                               │
│                                                               │
│   * 이야기 3에 대한 진술                                        │
│                                                               │
│    1. 스미스 부인은 한밤중에 잠에서 깼다.                        │
│    2. 정원 문이 열려 있었다.                                    │
│    3. 스미스 씨는 자기 거실에서 자기 전에 정원으로 가는 문을 잠갔다.   │
│    4. 책과 서류는 스미스 씨가 자러 갔을 때와 그가 깨어 있을 때 사이에 흩어져 있었다.  │
│    5. 스미스 씨는 정원으로 통하는 문이 닫혀 있는 것을 발견했다.      │
│    6. 스미스 씨는 정원의 문을 잠그지 않았다.                      │
│    7. 스미스 씨는 소음 때문에 깨지 않았다.                        │
│    8. 방에서 사라진 것은 아무것도 없었다.                         │
│    9. 스미스 씨가 깨어났을 때 가장 먼저 생각한 것은 강도였지만, 이야기에는 강도가 있었다는 것  │
│       이 실제로 확실하게 드러나지는 않는다.                       │
│    10. 정원에서 소음이 나지 않았다.                              │
│    11. 책상 근처에 종이가 흩어져 있다.                           │
│    12. 스미스 부인은 거실에서 강도를 보지 못했다.                  │
│                                                               │
│   Answers: 1. ?, 2. T, 3. ?, 4. ?, 5. F, 6. ?, 7. F, 8. ?, 9. ?, 10. ?, 11. T, 12. ?  │
│                                                               │
└─────────────────────────────────────────────────────────────┘
```

* 참고
  Facts and Inferences, The California High School Speech Association's Curriculum Committee,
  Speaking across the curriculum, IDEA Press, 2004.

---

6) The California High School Speech Association's Curriculum Committee, *Speaking across the curriculum*, IDEA Press, 2004, 149쪽 참고.

09 ▶ Talk X맨

활동 목표

모둠 활동에서 구성원들을 관찰하고 이야기를 분석적, 비판적으로 듣는 연습

진행 방법

1. 모둠 활동 시 각 모둠별로 한 명의 Talk X맨을 선정한다.
   Talk X맨은 교사와 본인만 알고 있으며 다른 조원들은 X맨의 존재를 모르게 한다.
2. 모둠별로 토의를 진행한다.
3. Talk X맨은 토의 진행 과정을 지켜보면서 다음에 해당하는 사람을 찾는다. (**활동지** 참고)
   · 누가 근거를 잘 제시했는가?
   · 누가 반론을 잘 제시했는가?
   · 누가 토의에 다른 사람을 잘 참여시켰는가?
   · 누가 토의 진행에 적합한 질문을 제기했는가?

4. Talk X맨이 지명한 학생이 우수한 토의자임을 전체 학생이 동의하는
   지 확인한다.
5. 학생들은 Talk X맨이 분석적, 비판적 듣기를 잘했는지 평가한다.

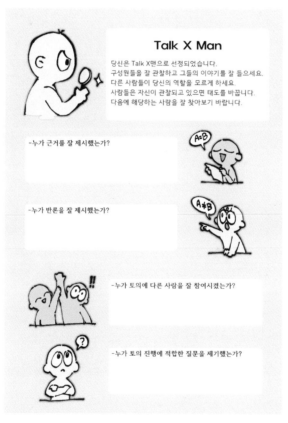

* 참고 **Talk Detective**, https://noisyclassroom.com

◆ 쉬어가기 ◆

II

말하기

II-1. 말하기 기본

01 습관어 교정 연습

활동 목표

시간에 맞추어 말하는 연습,
개인의 습관적인 말버릇 확인하기

진행 방법

기본   습관어 교정

1. 습관어에 대해 설명한다.

습관어란 나도 모르게 습관적으로 사용하는 말이나 소리를 말한다.
습관어에는 다음과 같은 것들이 있다.

망설임	'어~', '음~', '에~', '아~' 등 3초 내외 말이 끊기는 현상
의성어	'습', '쩝'
불필요한 표현	'그러니까', '네', '근데', '그게 아니라', '솔직히', '사실은'
적합하지 않은 표현	'굉장히', '~ 같아', '저가(제가)' 등

2. 학생들에게 자유 주제로 1분 동안 이야기하게 한다.

   [자유 주제로는 자신의 오늘 하루, 지난 일주일 중 중요한 순간, 가족, 영화, 앱, 게임 등.]

3. 2인 1조로 한 학생이 60초 동안 이야기를 한다.

4. 말하는 학생이 스스로 60초가 됐다고 생각하면 말하는 것을 멈춘다.

5. 듣는 학생은 말하는 학생이 사용한 습관어와 발언 시간 등을 확인해 평가지를 작성한다. **(평가지 참고)**

   [평가지 작성법 : 60초를 맞추면 100점이고 60초에서 멀어질수록 1점씩 감점한다. 즉 50초와 70초는 90점, 습관어를 한번 사용할 때마다 5점씩 감점한다.]

기본 뺏어 말하기 방식

1. 4인 1조로 모둠을 구성하여 모둠별로 진행한다.

2. 첫 번째 사람이 60초간 자유 주제로 발언한다. 60초가 지나기 전에 습관어가 나오면 멈추고 다음 사람이 나시 시작한다. 습관어가 사용되지 않으면 60초간 말하고 다음 사람이 다시 시작한다.

3. <흥부와 놀부>, <심청전> 등 모두가 알고 있는 이야기를 이어말하기 방식으로 진행할 수 있다.

발언 내용	발언 시간	습관어 사용		최종 점수
~~ ~~~~~	50초	어, 그러니깐, 습, 굉장히,		
만점 100점	(-10 점)	(총 4 회 × 5점)	(-20 점)	= 총 (70 점)

활동 예시

* 참고
Sixty Seconds: An Impromptu Game, The California High School Speech Association's Curriculum Committee, *Speaking across the curriculum*, IDEA Press, 2004.
The Um Err Game, https://noisyclassroom.com

02 자기소개의 여러 방법

활동 목표 자신을 표현할 수 있는 여러 방법에 대한 연습

진행 방법

방식 1   그림, 광고지를 통한 자기소개

그림책, 광고사진 등 자신을 잘 표현할 수 있는 그림을 선택해 1분 동안
발표한다.

방식 2   물건을 통한 자기소개

자신이 소지한 물건 중 3가지를 선택해 물건을 활용하여 자신을 소개
한다.

방식 3 감정 단어를 통한 자기소개

1. 학생들에게 다음과 같은 감정 단어를 제시한다.

   [감정 단어 : 행복한, 슬픈, 놀라운, 당황스러운, 즐거운, 위험한, 흥분된,
   특별한, 불쾌한 등]

2. 제시된 감정 단어 중 한 가지 또는 두, 세 가지 단어를 선택해 자신을
   소개한다.

방식 4 나만의 정의를 통한 자기소개

1. 교사가 단어를 제시한다. 예) 학교, 공부, 친구, 핸드폰, 게임, 3월
2. 교사는 제시한 단어의 사전적 정의를 말해 준다.
3. 학생들은 제시된 단어에 대해 각자 자신만의 정의를 내린다.
4. 학생들은 자신만의 정의를 발표하고 이를 활용하여 자신을 소개한다.
* 이 활동은 사전적 정의 vs 설득적 정의, 개념적 정의 vs 조작적 정의의
   차이에 대해 학생들이 차이를 체험할 수 있는 활동으로, 이에 대해 설
   명하는 시간을 가질 수 있다. (**보충자료** 참고)

방식 5 세 문장을 통한 자신 소개

과거, 현재, 미래 또는 세 가지 동사를 이용해 자신을 표현한다.

나는 _____였습니다. (과거)	나는 _____입니다. (현재)	나는 _____일 것입니다. (미래)
나는 _____ 보았다.	나는 _____ 들었다.	나는 _____ 읽었다.

방식 6 숫자를 통한 자기소개

학생들에게 자신을 잘 표현할 수 있는 세 가지 숫자를 선정하도록 하고
이를 통해 자신을 표현하도록 한다.

〈활동 예시〉

2	둘째입니다. 위로 오빠 아래로 남동생이 있습니다. 무슨 활동이든 첫 번째로 나서거나 끝까지 남겨지는 것보다 중간을 좋아합니다.
3.14	원주율 숫자를 좋아합니다. 끝이 떨어지지 않는 원주율처럼 끈기 있게 미션을 완수하는 편입니다.
42.195	마라톤 풀코스 구간입니다. 마라톤은 시작과 끝이 정해져 있습니다. 누구든지 출발선에 설 수는 있습니다. 하지만, 피니시 라인을 누구나 밟는다는 장담은 할 수 없습니다. 시작과 끝맺음을 위해 노력하는 사람입니다.

방식 7 사물, 장소, 동물을 통한 자기소개[1]

1. [사물] 자신의 성격을 잘 대변하는 사물을 선정해 자신을 표현하시오.
   예시) 컴퓨터는 정확하고 모든 사람들에게 필요한 물건입니다.
   나는 이러한 성격을 지니고 있습니다.
2. [장소] 자신의 성격을 잘 대변하는 장소를 선정하시오.
   예시) 나의 성격은 호숫가와 같다. 평화롭고 조용하다.
3. [동물] 자신을 잘 대변하는 동물을 선정하시오.
   또는 자신이 높이 평가하는 특성을 지닌 동물을 선정하시오.
   예시) 나는 사자처럼 공격적이고 귀족적이다.
   나는 퓨마의 특성을 지니고 싶다. 퓨마는 운동신경이 뛰어나고 매력적
   이다.

---

1) The California High School Speech Association's Curriculum Committee, *Speaking across the curriculum*, IDEA Press, 2004, 76쪽.

방식 8 　 멘토를 통한 자기소개

1. 자신이 최근에 만난 5명의 사람들을 통해 자신을 소개하시오.
2. 자신이 닮고 싶은 멘토를 선정해 자신을 소개하시오.

◆ 멘토를 선정하는 방법 ◆

① 내가 키우고 싶은 역량을 적어본다
- 예) 분석력, 커뮤니케이션 능력 등
② 역량별로 내가 생각하는 그 역량에 있어 닮고 싶은 멘토를 적는다.

역량	분석력	커뮤니케이션	개인 브랜딩	리더십	Fitness
멘토	신광섭	김태원	구범준	고릴라	Gianlucavacchi
	Bharat	아버지	신정용	아버지	추성훈
	Bill Barnet	Scott Galloway	권지용	랩몬스터	Eden
	박진영	박형준	Supreme		Ronaldo
	김도균	Jennifer Aakor	Scott Galloway		Sean

(* 출처 조용민 구글 코리아매니저, 세상을 바꾸는 시간 831회)

방식 9 　 내 인생의 10대 뉴스 선정하기

자신의 인생의 주요 사건들을 기사 제목으로 만들어 그것이 자신의 인생
에 어떤 영향을 주었는지를 정리하여 자신을 소개한다.

방식 10 비언어적 표현으로 자신을 소개하기

1. 가장 기본적인 자기소개인 나이, 사는 곳, 취미, 성격 등을 한 문장씩 적는다. 총 4문장.
2. 4문장을 파트너에게 비언어로만 표현한다.
3. 파트너는 이를 언어로 해석한다.
4. 활동이 끝난 후 처음 작성한 문장을 확인한다.

1. 각각의 활동은 시간제한을 두고 진행하는 것이 효과적이다.
2. 학생들이 많은 경우 2인 1조로 활동하게 하며, 모둠 활동이 끝나면 자신의 파트너가 소개를 잘했다고 생각하는 학생을 손들게 해 파트너의 소개 내용을 반복하도록 한다.

- **사전적 정의 vs 설득적 정의**
  사전적 정의 : 사전에 나와 있는 정의로 가장 객관적인 정의
  설득적 정의 : 객관적 정의가 아닌 듣는 사람에게 어떤 감정이나 태도를 불러일으키려는 목적으로 내리는 정의

- **개념적 정의 vs 조작적 정의**
  개념적 정의 : 특수한 현상들이 갖는 특징들을 일반화시켜 추상적으로 표현한 정의
  조작적 정의 : 구체적인 실제 현상과 연결하기 위해 측정이 가능한 형태로 변환한 정의

03 ▶ 준비 없이 하는 말하기 연습

말하기에 대한 두려움 극복, 자신감 형성,
구성원 간의 신뢰도 형성

방식 1   1분 즉흥 스피치

1. 2인 1조로 모둠을 구성한다.
2. 1분간 자신이 자랑할 수 있는 일에 대해 발표한다.
3. 파트너는 상대 발표의 장점 2가지, 노력해야 할 점 1가지를 현장에서
   피드백 한다.

방식 2   마니또 칭찬하기

1. 교사는 구성원의 이름이 적힌 종이를 학생들에게 무작위로 나누어 준다.
2. 학생들은 상호 간에 누구의 이름을 뽑았는지 몰라야 한다.
3. 학생들은 자신이 뽑은 종이에 적힌 학생 이름을 말하고 장점을 찾아 칭찬한다.

   예시) '○○○은 친구들을 언제나 잘 도와줍니다.'
4. 당사자는 칭찬 들은 것을 나의 자랑으로 바꿔 반복한다.

   예시) '저는 ○○○에게서 친구들을 잘 도와준다는 칭찬을 들었습니다.'
5. 포괄적인 칭찬보다는 실제 경험을 통한 구체적인 칭찬을 한다.

   구체적 표현 예시) 용감함, 정의로움, 관대함, 결단력, 책임감, 성실함, 협동심, 친절함, 미소, 옷차림, 말투와 목소리, 재치와 유머, 세련미와 외모, 마음씨, 예절, 재능, 교우관계 등

04 ▶ 카드를 통한 말하기 연습

활동 목표

말하기에 대한 두려움 극복, 순발력, 표현력을 키우는 연습

진행 방법

방식 1   1인칭 말하기 연습

1. 교사는 여러 장의 그림카드를 준비한다.
2. 돌아가며 학생들이 한 장의 카드를 뽑을 수 있도록 한다. 말하기 활동을 위한 약간의 시간을 부여한다.
3. 뽑은 카드의 그림을 1인칭 화법으로 소개한다.
4. 즉흥 스피치이므로 학생들이 말을 더듬거나 중간에 막힐 수도 있다. 여유롭게 발언하도록 격려해 준다. 막히면 흑기사를 지원받아 다른 학생이 이어나간다.
5. 훈련이 익숙해지면 시간을 제한하여 진행한다.

떡볶이

나는 떡볶이입니다. 대한민국 남녀노소 모두 저를 좋아합니다. 매콤 달콤의 상징인 나는 옷이 참 많습니다. 짜장 옷, 간장 옷, 카레 옷, 케첩 옷 심지어는 엽기 옷도 있습니다.
저는 친구도 많습니다. 쫄면, 당면, 어묵, 만두, 순대, 튀김, 김밥과 매우 친하게 지냅니다.
모차렐라 치즈는 내가 가장 아끼는 친구입니다. 왜냐하면 …… (생략)

길

나는 길입니다. 시작도 끝도 어디인지 모를 정도로 긴 길입니다. 시멘트나 아스팔트 길이 아닌 비가 오면 질퍽거리고 곳곳에 굵직한 돌멩이가 박혀있는 시골 마을의 흔하디흔한 흙길입니다. 많은 사람들과 차들이 나를 밟고 지나갈 때면 …… (생략)

방식 2   과거를 말해보아요

1. 교사는 여러 장의 그림카드를 준비한다.
2. 돌아가며 학생들이 한 장의 카드를 뽑는다.
3. 뽑은 카드의 그림의 과거에 대한 이야기를 구성한다.
4. 그 물건이 어디서 만들어졌을까? 어디에 쓰였을까? 소중히 다루어졌을까? 과거에서 현재까지 어떤 일을 겪었을지 이야기를 만든다.
5. '미래를 말해 보아요'도 가능하다.

6. 제한 시간을 주고 개연성 있는 내용과 짜임새를 갖춘 스토리텔링이 되
   도록 지도한다.
7. 1분 말하기 또는 3분 말하기도 가능하다.

바람이 세차게 몰아치는 1월의 마지막 저녁. 도시 외곽에 위치한 농원의 비닐하우스 안에는 앞치
마를 두르고 물통을 든 인부들이 꽃들에게 물을 주며 마지막 손질을 하고 있습니다. 다음 날 새벽,
농원 입구에는 파란 트럭과 자동차들이 즐비하게 서서 꽃들을 싣고 있습니다.
2월 중순. 졸업시즌이 되자 꽃 도매상들은 여러 종류의 꽃과 화분을 늘어놓기 시작합니다. 작업 장
갑을 낀 꽃집 사장님들은 신문지에 종류별로 가지런히 놓고는 둘둘 말아 묶습니다. 차 짐칸에 실어
나르고 나니 어느새 아침 시간이 훌쩍 지났네요.
점심때가 …… (생략)
나른한 오후가 지나 저녁 시간이 되자 …… (생략)
다음 날 아침 …… (생략)
깊은 밤 …… (생략)
일주일 후 …… (생략)

05 강제 결합 말하기

활동 목표   말하기에 대한 두려움 극복, 창의적 사고 연습, 표현력 연습

진행 방법

방식 1   누구세요?

1. 교사는 다양한 단어 카드를 준비한다.
2. 학생들에게 좋아하는 인물을 말하게 하고 칠판에 쓴다.
   예) 가족, 존경하는 인물, 연예인, 스포츠인

3. 한 명씩 나와 칠판의 인물 중 한 명을 선택하게 한 후 플라스틱 통 안
   의 단어 카드를 한 장 뽑도록 한다.
4. 인물과 단어 카드를 연결해 문장을 만든다.
   예를 들어 '선생님'을 선택하고 '돋보기'를 뽑았다면 '선생님은 돋보기입니다.'

5. 이어서 선생님이 돋보기인 이유에 대해 설명한다.

　예시) '선생님은 돋보기입니다. 왜냐하면 선생님은 우리를 항상 관찰하고 계
　　　　시기 때문입니다.'

6. 가능하다면 이유를 조금 더 길게 설명할 수 있도록 유도한다.

　예시) '선생님은 돋보기입니다.

　　　　왜냐하면 선생님은 우리를 항상 관찰하고 계시기 때문입니다.

　　　　우리 선생님은 우리가 무슨 잘못을 하는지, 또 어떤 위험한 행동을 하

　　　　는지, 누구와 싸우는지 부리부리한 큰 눈으로 늘 지켜보고 계십니다.

　　　　우리 반 아이들의 취미, 좋아하는 운동과 연예인 등 모두 알고 계십니

　　　　다. 심지어 얼마 전 제가 운동장에 넘어진 1학년 꼬마를 일으켜 준 것

　　　　까지 알고 계셨습니다. 그래서 선생님은 돋보기라고 생각합니다.'

방식 2　　스토리 기차

1. 교사는 다양한 단어 카드를 만들어 접은 후 통에 넣어 준비한다.
2. 학생들을 5인 1조로 모둠을 구성한다.
3. 교사가 5장의 단어 카드를 뽑아 칠판에 쓰고 모둠별로 5개의 단어로
　이야기를 만든다.
4. 모둠별 활동이 끝나면 발표를 한다.
5. 다음과 같이 응용할 수 있다.
　① 모둠 대표가 5장의 단어 카드를 뽑아 모둠별로 각기 이야기를 만든다.
　② 모둠 대표가 5장의 단어 카드를 뽑은 후 모둠원들에게 한 장씩 나누
　　어 주고 돌아가며 자신이 가지고 있는 단어를 사용하여 이야기를 이
　　어나간다.

1. 단계별, 연령별로 단어의 난이도를 설정해 각기 다른 색의 단어 카드를 준비하면 효과적이다.
2. 높은 단계로 갈수록 추상명사나 난이도 있는 어휘를 추가한다.
   예) 비판, 관용, 연민, 비난, 풍자, 승인, 도피, 처벌, 운명, 친절, 기대, 의 지, 책임 등

3. 가능한 긍정적인 의미의 단어를 많이 사용하며 유머를 유발할 수 있는 단어를 넣으면 유쾌한 수업이 될 수 있다.
4. 투명한 플라스틱 통을 사용하면 효과적이다.

〈 교사가 고른 다섯 단어 - 아이돌 / 새벽 / 샌드위치 / 고속도로 휴게소 / 기대 〉

어젯밤 공연을 마친 요즘 가장 인기 있는 **아이돌** 그룹 멤버 7명은 겨우 4시간 잠을 자고 **새벽** 4시에 숙소를 나섰다. 매니저는 졸고 있는 멤버들에게 **샌드위치**와 커피를 나누어 주었다. 정신을 차려 차를 타고 동대구를 향해 떠나려는데 **고속도로 휴게소**에 벌써부터 팬들이 기다리고 있다는 소식이 들려왔다. 멤버 중 막내는 다음과 같이 말하였다. "와우! 우리 이제 떴나 보네, 형, 나 **기대**돼! 사인해 주고 가도 돼?" 매니저는 그런 막내를 귀엽게 바라보았다.

06 ▷ 육하원칙 말하기

 활동 목표

완성된 문장을 구성하는 연습, 완결된 스피치 구성 연습

 진행 방법

1. 활동을 시작할 때 '육하원칙' 요소에 대해 설명한다.
2. 육하원칙 말하기 활동에 적합한 이미지를 선정한다. (**활동 자료** 참조)
3. 이미지를 보고 개별 활동지에 육하원칙에 맞는 문장을 적는다.
   (**활동지** 참조)
4. 교사 지도하에 반 전체 학생이 각자 작성한 문장을 발표하여 비교한다.
5. 또는 4-5명 모둠을 구성해 모둠별로 작성한 문장들을 비교해 하나의
   완성된 문장을 발표한다.

1. 학습자의 수준에 따라 '육하원칙' 중 네 가지 요소만 선정하여 진행할 수 있다. 초등학생의 경우 '누가, 언제, 어디서, 무엇을'까지만 진행한 후 상황에 따라 추가로 진행한다.
2. '어떻게'와 '왜'에 대해서는 예시 작업을 미리 진행한 후 활동을 하는 것이 효과적이다.
3. 이미지에서 찾을 수 없는 요소는 상상으로 작성하도록 지도한다.
4. 사진 뉴스의 경우 실제 기사를 제공하여 작성한 문장과 비교할 수도 있다.

육하원칙 말하기 이미지 자료

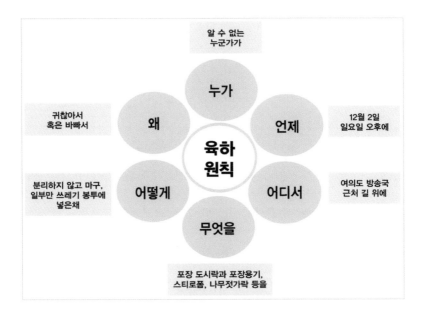

07 ▶ 옴니버스 스토리텔링

이미지를 보고 스토리 만들기 연습, 창의적 사고 연습,
완결된 스피치 구성

1. 스토리를 구성해 낼 수 있는 이미지를 준비한다.

   예시) 김홍도, 신윤복 풍속화 (**활동 자료** 참고)
2. 학생들이 스토리를 만들어 낼 수 있는 한 장 또는 3-4장의 그림을 선택
   한다.

스토리텔링이란

'스토리(story) + 텔링(telling)'의 합성어로 말 그대로 '이야기하다'라는 의미를 지닌다. 상대방에
게 알리고자 하는 바를 재미있고 생생한 이야기로 설득력 있게 전달하는 행위이다. 말하는 사람과
듣는 사람의 상호작용 과정으로 듣는 사람은 이야기를 들으며 상상력을 발휘할 수 있다.

〈문학비평용어사전〉 2006 국학자료원

---

3. 선택한 이미지의 배경, 인물, 사건 등을 파악한다.
4. 학생들에게 준비 시간을 주고 3-4분 내외의 스토리를 만들어 발표한다.

1. 학생 개별 활동으로도 가능하며 모둠 활동으로도 가능하다.
2. 학급 전체에 동일한 그림을 주고 모둠으로 스토리를 만들어 비교해 보는 활동도 가능하다.
3. 평가지 작성을 통해 말하기에 대한 피드백을 줄 수 있다. **(평가지 참고)**

김홍도 <활쏘기>, <타작>, <논갈이> 국립중앙박물관 소장

옛날 경기도 양주골에 김 선비가 살고 있었어. 김 선비는 벼슬에는 뜻이 없고 친구들과 어울려 놀기를 좋아하는 사람이었단다. 한 번 놀이에 빠지면 며칠씩, 몇 달씩 집을 비우기도 했어. 그래도 양반 집안이었고 제법 재산도 있어서 힘든 일은 별로 없었지. 하지만 계속 놀기만 하는 김 선비 때문에 집안의 재산은 조금씩 사라져갔어. 그 일로 마음이 불편했던지 새해 들어서는 신경 쓰지도 않던 여러 일에 점점 잔소리를 하기 시작했어.

김 선비는 일하는 노비들에게는 관심이 전혀 없었거든. 노비들이 소를 몰고 나가든, 쟁기질을 둘이 하든 쳐다보지도 않았어. 그런데 언제부턴가 이것저것 묻는 거야. "참은 먹었느냐?", "왜 일꾼은 한 명인데 소는 두 마리나 데리고 나가느냐?" 또 옆 마을에 가서도 이런저런 참견을 하고 다니는 거야. "올해 몇 가마나 나오겠느냐?", "그래서 보릿고개까지 버티겠느냐?" 소문들 들은 김 선비네 노비들은 깜짝 놀랐어. 김 선비가 정신이 이상해졌다는 소문까지 퍼지고 있었단다.

더운 여름이 오자 김 선비는 논에서도 밭에서도 보이질 않았어. 김 선비네 노비들은 안심을 했지. 잔소리하는 김 선비가 사라지자 노비들은 편해졌거든. 그러면서도 궁금했어. 잔소리하는 김 선비가 도대체 어디를 갔을까 하고. 그런데 어느 날부터 김 선비는 산에서 보이기 시작했어. 김 선비가 이번에는 활을 들고, 불량배 같은 낯선 사람들과 어울려 담배를 물고 돌아다니고 있었단다. 가을이 오자 김 선비는 이제는 아예 마당에 멍석을 깔고 누웠어. 이번에는 고무신도 벗어던지고 술동이까지 가져다 놓더니 잔소리를 퍼부었어. "볏짚을 잘 봐라. 탈곡이 제대로 된 것이냐?", "가마니에 돌 섞인다." 노비들은 화가 났어. 김 선비가 또 놀러 가서 몇 달쯤 오지 않았으면 좋겠다고 생각했지.

그런데 정말 김 선비가 사라졌어. 아무도 김 선비가 어디로 갔는지 몰랐지. 그렇게 일년이 흘렀어. 집안에선 웅성웅성 이런저런 걱정이 많았지. 하루는 개똥이가 남원에서 온 사람에게 들었다며 어디서 많이 들어 본 이야기를 하는 거야. 남원 고을에 이것저것 묻고 다니는 사람이 나타나 여기저기 돌아다닌다는 거야.

그 선비는 이런 것을 물었다네. "왜 일꾼은 한 명인데 소는 두 마리나 데리고 나가느냐?", "볏짚을 잘 봐라. 탈곡이 제대로 된 것이냐?", "가마니에 돌 섞인다."라고 말하는 모습이 김 선비와 같다고. 그런데 그 선비가 바로 그 고을의 환곡으로 제 배를 불리던 탐관오리를 찾아온 암행어사였다는 거야. 이제 알겠지? 김 선비가 왜 그렇게 곡식 농사에 잔소리꾼, 참견꾼이었고, 이 마을 저 마을 떠돌아다녔으며, 활쏘기까지 연마했는지 말이야.

국립중앙박물관 소장 김홍도 단원풍속도첩

| 대장간 | 길쌈 | 무동 | 나룻배 |

신윤복 풍속화

| 월야밀회 | 월하정인 | 쌍검대무 | 주사거배 |

시카고미술관 소장 세계의 명화

| Georges Seurat La Grande Jatte | Claude Monet 수련 | Renoir 두 자매(테라스에서) | Gustave Caillebotte 파리 거리 |

학생 상호 평가지[2]

	대박 !	와우 !	헉 !	더 잘하려면
집중시키는 또는 흥미를 끄는 시작	5	3	2 / 1	
명확한 주제 전달	5	3	2 / 1	
짜임새 있는 구성	5	3	2 / 1	
반언어적 표현(성량, 발음, 속도)	5	3	2 / 1	
비언어적 표현(눈짓, 몸짓, 자세)	5	3	2 / 1	

---

2) The California High School Speech Association's Curriculum Committee, *Speaking across the curriculum*, IDEA Press, 2004, 220쪽 참고.

08 왔다 갔다 이야기 탁구

말하기 두려움 극복, 짧은 스피치 구성 연습,
구성원 간의 상호작용 연습, 능동적 듣기 연습

1. 2인 1조로 모둠을 구성한다.
2. 첫 번째 학생이 공을 들고 이야기를 시작한다.
3. 첫 번째 학생이 이야기를 마치면 공을 두 번째 학생에게 전달한다.
4. 두 번째 학생이 이야기를 마치면 공을 첫 번째 학생에게 전달한다.
5. 횟수를 정해 반복한다. (예: 왔다 갔다 3회)
6. 마지막 회차 학생은 공을 받은 후 전체 이야기를 마무리한다.
7. 선택 활동으로 재미 요소를 넣어 시간을 정해 시한폭탄 폭발 방식으로
   진행할 수 있다.

진행 Tip

1. 6명을 하나의 모둠으로 구성하여 이어말하기 방식으로 진행도 가능하다.
2. 시간을 제한하는 것이 효과적이다.
3. 시한폭탄 방식으로 진행할 경우 '타임키퍼'를 선정하여 정확한 시간을 알려준다.
4. 주변 도구를 시한폭탄으로 이용할 수 있다.
5. 2회 이상의 수업에서 지난 수업의 복습용으로 사용하면 효과적이다.
6. '줄줄이 말해요' 형식으로 응용할 수 있다.
7. 토론 전에 개요 파악용으로 사용하면 효과적이다.

09 꼬리에 꼬리를 무는 질문, Why?

질문을 통해 비판적 사고력, 창의력,
문제 해결력을 키우는 활동

1. 즉흥적인 말하기 주제를 정한다.
2. 꼬리에 꼬리를 무는, 생각의 깊이를 더하는 질문과 답변을 반복하는 활동임을 설명한다.
3. '왜'를 넣어 질문하고, '왜냐하면'을 넣어 답변한다.
4. 말하기 참여 인원에 따라 3 WHY, 5 WHY 등 질문의 횟수는 변경 가능하고, 더 이상 '왜'라고 질문할 수 없을 때까지 계속 질문할 수 있다.
5. 마지막 말하는 사람은 앞에서 나온 답변을 모두 이어 말함으로써 주제에 대한 정리를 하는 것이 좋다.

진행 Tip

1. 무조건 '왜'만 말하지 말고 통제 가능한 방향으로 질문하게 한다.
2. 근거가 있는 내용으로 답하여 주제와 너무 동떨어진 방향으로 가지 않
   게 한다.
3. 제대로 질문하는 것이 정답보다 중요함을 느낄 수 있는 활동이 되도록
   한다.
4. 주제를 칠판에 쓰고 각 조의 1 WHY, 2 WHY를 포스트잇에 써서 붙
   여나가게 하면 조별 진행 상황을 비교해 볼 수 있다.

활동 예시

주제	토론 교육은 반드시 해야 한다.	
	질문	답변
1 WHY	토론 교육은 **왜** 반드시 해야 하는가?	**왜냐하면** 토론 교육은 생각하는 힘을 키우기 때문이다.
2 WHY	우리는 **왜** 생각하는 힘을 길러야 하는가?	**왜냐하면** 생각하는 힘은 세상에 대한 깊이 있는 이해를 돕기 때문이다.
3 WHY	우리는 **왜** 세상을 깊이 있게 이해해야 하는가?	**왜냐하면** 깊이 이해해야 겉으로 드러나지 않은 것까지도 비판적으로 볼 수 있기 때문이다.
4 WHY	우리는 **왜** 비판적 시각을 가져야 하는가?	**왜냐하면** 비판적 시각을 가져야 삶을 주체적으로 살 수 있기 때문이다.
5 WHY	우리는 **왜** 주체적인 삶을 살아야 하는가?	**왜냐하면** 주체적인 삶이 전제되어야 다른 사람들과도 어울리며 소통할 수 있기 때문이다.
정리	토론 교육은 반드시 해야 한다. 왜냐하면 토론 교육은 생각하는 힘을 키워 세상을 깊게 이해할 수 있게 하고, 비판적 시각을 갖게 하여 주체적인 삶을 가능하게 함으로써 다른 사람들과 함께 소통할 수 있게 하기 때문이다.	

Ⅱ‑2.　말하기 ‑ 설명하기

01 인간 내비게이션

활동 목표

객관적 설명 연습, 정확하게 묘사하고 전달하기,
듣는 사람의 눈높이에 맞는 설명하기,
모둠 활동으로 협동심 키우기

진행 방법

방식 1 미로 설명하기

1. 2인 1조【내비게이터(설명하는 학생) 1명, 운전자(설명을 듣고 찾아가
   는 학생) 1명】로 모둠을 구성한다.
2. 활동지(미로, 달팽이 집 등)를 배부한다.
   또는 학생들에게 활동지를 그리도록 한다.
3. 운전자는 펜을 미로의 바깥 시작점에 위치시킨 후 눈을 감는다.

4. 내비게이터는 운전자가 미로의 끝에 도달할
   수 있도록 설명한다. (예시: 앞으로 3cm 정도 이
   동해서 멈춰, 왼쪽으로 조금만 가서...)
5. 가장 먼저 미로 안쪽에 도착하는 팀이 승리한다.

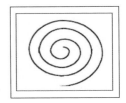

방식 2   약속 장소 설명하기

1. 복잡한 백화점이나 대형마트 등의 지도를 준비한다.
2. 지도 위에 출발점과 약속 장소를 표시한다. 출발점은 주차장이나 정문
   이 적합하다.
3. 경유 장소를 설정하면 더 흥미 있는 진행이 가능하다.
   (예: 카페에 들러 커피 사기)
4. 2인 1조 활동 외에 4인 1조 활동도 가능하다.
5. 4인 1조의 경우 내비게이터 한 명, 길 찾아가는 학생 3명을 정한다.
6. 전체 4모둠인 경우 지도 4장을 칠판에 붙인다.
7. 내비게이터는 전체 경로를 사람 수만큼 나누어 설명한다.
8. 길 찾는 사람은 자신의 분량만큼 듣고 나와 지도에 표시한다.
9. 나머지 길 찾는 사람이 반복하며, 도착하면 '도착'을 외친다.
10. 동시에 여러 모둠이 실시하여 경쟁한다.

진행 Tip

1. 내비게이터는 진행하는 동안 '좋았어!' 등의 추임새를 사용하여 활동을
   촉진 시킨다.
2. 활동 후, 내비게이터와 운전자는 상호작용에 대한 소감을 나눈다.

대형서점에서 친구 만나기

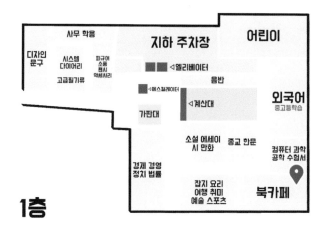

02 뉴스 브리핑

정보를 정확하게 읽고 객관적으로 전달하는 연습, 신문 기사를 읽고 기사 형식을 이해하는 연습

1. 학생들에게 뉴스를 검색하도록 한다. 또는 교사가 신문을 준비해 학생들에게 나누어준다.
2. 학생들이 기사를 하나씩 선택한다.
3. 학생들은 새롭거나 전문적인 어휘를 확인하며 전체 내용을 읽는다.
4. 자신이 읽은 기사를 설명할 수 있도록 육하원칙에 맞추어 활동지를 작성한다. (**활동지** 참고)
5. 돌아가며 자신이 읽은 기사 내용을 2분~3분 동안 설명한다.
6. 발표가 끝나면 설명을 들은 사람에게 원래 기사를 읽게 하고 평가지를 작성한다. (**평가지** 참고)

1. 뉴스 검색은 학습 환경에 따라 온라인, 오프라인 방법 중 선택할 수 있다.
2. 온라인 검색의 경우 같은 포털, 같은 날짜의 동일한 뉴스를 검색할 확률이 높다. 따라서 포털이나, 뉴스 분야를 지정해 주는 것이 필요하다. **(보충 자료 참고)**
3. 오프라인 검색의 경우 같은 날짜의 같은 신문사 기사로 할 것인지, 다른 날짜에 각기 다른 신문사 기사로 할 것인지 등을 미리 정한다.
4. 검색 시간을 엄격하게 제한한다.

개별 활동지

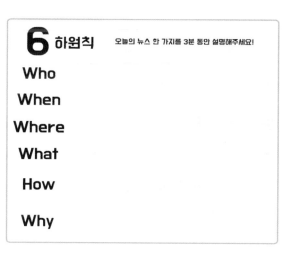

학생 상호 평가지

평가 내용	완벽!	수고!	다시!
기사의 내용을 듣는 사람이 잘 이해할 수 있도록 전달하였는가?			
기사의 내용을 정확하게 전달하였는가?			
기사의 내용에 빠진 부분은 없는가?			
기사 내용의 어휘 등을 정확하게 이해하고 전달하였는가?			
전달자의 개인 의견을 포함하지 않고 객관적으로 전달하였는가?			

· 뉴스 읽는 방법 안내

- 뉴스를 빠르고 정확하게 읽으려면 아래의 순서대로 하세요.

① 헤드라인 : 신문, 잡지 따위에서, 주요 기사에 다는 제목 또는 그
주요 기사

② 리드 문장 : 기사 작성에서 맨 처음 시작되는 부분. 리드는 기사
의 전체 내용을 요약한 만큼 뉴스의 핵심 내용이 포함
되어 있다.

③ 캡션 : 사진을 설명하는 짧은 글귀로, 일반적으로 상황에 대해
객관적으로 서술한다.

④ 인터뷰

⑤ 전체 내용

2018 평창동계올림픽의
성공 개최를 응원합니다.
-명지대 동문의 일동-

명지日報

명지대학교 사회교육대학원
제1회 전국 초등 토론대회개최
-사회교육대학원-

발행인 정인숙   Myongjo.com   2018년 10월 12일

명지중학교, 3년 연속 미디어교육 실시

명지중학교는 오늘부터 국어2교과실에서 2학년 학생을 대상으로 미디어 교육을 실시하였다.

1교시에 참가한 학년 1반 학생들의 표정에는 호기심이 가득했다. 실장의 구령에 맞춘 '공수'를 시작으로 화면에 집중하였고, ' 미디어란 무엇인가'에 대한 설명이 교실 앞쪽 화면에 나타나자 익숙한 듯 자신의 생각을 발표하기 시작했다. 이어 1인 1장씩 배포된 활동지에 오늘 학습한 주제인 '나에게 미디어란'에 대한 나의 의견을 작성하기 시작했다.

명지중학교는 2016년부터 미디어 교육을 2학년 대상으로 실시하고 있는데 올해로 3년째이다. 내년에도 계속 이어서 실시할 예정이다.

수업에 참여한 명지인 학생은 (학생회장, 15세) "미디어 교육을 받은 이후로 신문과 뉴스를 자주 접하고 나와 미래에 어떤 관련이 있는지를 생각하게 되었어요.

특히 스마트 기기를 사용하여 뉴스를 영상으로 제작하는 활동이 가장 재미있었습니다. 후배들에게도 이런 기회가 있었으면 합니다."라고 말했다.

- 명지일보 김명지 기자

완성된 무지개 활동지 명지중학교 2학년 1~6반 학생들이 완성한 '뉴스에서 사진의 가치'대한 활동 결과물이 칠판 가득 채워져 있다. 왼쪽은 '스피드왕'에, 오른쪽은 '내용왕'에 선정된 작품들이다.

•기사 분야 구성

종합면	정치면	경제면	사회면	국제면
여러 분야의 주요한 기사	정치인, 국회에 관한 기사	경제 활동에 관한 기사	사회의 각종 사건 관련 기사	나라 사이의 관계, 다른 나라의 기사
문화면	스포츠면	연예 · 오락면	방송면	여행 · 레저면
각종 문화, 예술 관련 기사	운동경기, 운동선수 등에 관한 기사	연예가 관련 기사	방송 프로그램 등	여행, 레저 활동 정보 등
오피니언면	과학면	교육면	지역면	광고
사설, 칼럼, 독자 투고	정보통신, 환경 등 과학기술 관련 기사	학교, 교육 정책 등에 관련 기사	신문이 배포되는 지방에 관련된 기사	각종 제품과 서비스 광고

* 참고 **News Broadcasts**, http://noisyclassroom

03 시연 스피치

비언어적 표현을 활용해 설명하는 연습

기본

1. 학생들에게 교실에서 간단하게 시연하면서 설명할 수 있는 주제를 선택하도록 한다.
2. 준비물을 쉽게 구할 수 있거나 교실에 비치된 물건을 활용할 수 있는 주제를 선택하도록 한다.

시연 스피치 주제 예시

앉아서 하는 체조, 스쿼 하는 법, 심폐소생술, 큰절 하는 법, 간단한 춤 동작, 신발 끈 묶는 법, 다양한 머리 묶는 법, 스카프 연출법, 넥타이 매는 법, 붕대 감는 법, 선물 포장법, 요요하는 법, 종이접기, 동영상 편집법, 게임 설명, 앱 사용법, 포토샵으로 사진 편집하기, 만화 캐릭터 그리는 법.

---

3. 한 사람씩 준비한 활동을 시연하면서 설명한다.
4. 한 모둠에 하나의 주제를 주고 구성원들이 한 번씩 시연 설명을 한 후 베스트 설명왕을 뽑는다. 베스트 설명왕이 전체 학생 앞에서 시연 설명을 한다.
5. 학생들에게 간단한 평가지를 작성하도록 하여 학급 설명왕을 선발한다. (**평가지** 참고)
6. 이 활동은 설명 연습이므로 비언어적 표현만 사용하지 말고 행동을 하면서 말을 같이 할 수 있도록 한다.

심화

1. 처음 설명을 할 때 대명사(이거, 저거)나 지시어(이렇게, 요렇게) 등을 사용하지 않도록 말한다.
2. 구성원들의 설명에 대한 이해 정도를 비율(%)로 표현하게 한다.
3. 두 번째 설명은 눈을 뜨고 비언어적 표현을 보면서 설명을 듣고, 설명이 끝난 후 이해도를 비율(%)로 표현하게 한다.

평가지

학생 상호 평가지[3]

점수 기준	탁월해!	칭찬해!	충분해!	애썼어!
내용 구성과 어휘 스피치의 시작과 끝이 적절했는가? 단계별 진행 과정을 잘 설명했는가? 적합한 어휘를 사용하였는가?	4	3	2	1
시청각 자료 설명의 보조 자료인 시각, 청각 자료를 적절하게 사용하였는가?	4	3	2	1
전달력 시선, 제스처, 자세, 음성 관련	4	3	2	1

3) The California High School Speech Association's Curriculum Committee, *Speaking across the curriculum*, IDEA Press, 2004, 88쪽 참조.

04 ▷ 단어 설명하기

비언어적 표현을 사용하지 않고 언어로만 사물을
정확히 설명하는 연습

1. 설명과 설득의 차이와 설명의 기법에 대해 알려준다. (**참고 자료** 참고)
2. 설명의 가장 대표적인 기법 5가지를 알려준다.

[정의 / 분류·구분 / 비교·대조 / 예시 / 묘사]

3. 학생들이 설명할 대상을 선정하도록 한다.
   그림 카드 또는 단어 카드를 준비한 후 학생들이 카드를 뽑도록 진행
   할 수 있다.

4. 학생들이 자신이 선택한 대상을 설명의 기법 5가지 중 3가지 기법을 선택해 설명하도록 한다.

5. 동일한 사물에 대한 학생들의 설명을 듣고 비교해 어느 설명 방식이 더 효과적이었는지에 대해 함께 토의한다.

참고 자료

· **설명이란**

설명이란 글자 그대로 청자가 모르는 사실을 알아듣기 쉽게 풀어서 말하는 것이다. 설명은 객관적 말하기이다. 말하는 이의 주관이 개입되어서는 안 된다. 과정과 방법은 달라도 설명의 내용은 본질적으로 같아야 한다. 설명을 함에 있어서는 말하는 이의 주관이 개입되어서는 안 된다. 과정과 방법은 달라도 설명의 내용은 본질적으로 같아야 한다.

· **설명과 설득**

설명은 객관적인 말하기이며, 설득은 듣는 이의 생각이나 행동을 바꾸고자 하는 것이다. 설명은 글자 그대로 청자가 모르는 사실을 알기 쉽게 풀어서 말하는 것이다. 설득은 상대방으로부터 동의를 얻어 내거나 행동으로 옮기도록 촉구하는 것을 목표로 하고 있다.

· **설명의 기법**

설명의 기법으로 브룩스(C. Brooks)와 워런(R.P. Warren)은 정의, 묘사적 설명, 서사적 설명, 예시, 비교와 대조, 분류와 구분, 분석의 방법을 제시하였다. 또 베어드(C, Baird)는 서술, 분석, 분류, 정의, 실증, 사례, 비교, 사적인 설화, 연관성을 설명의 방법으로 들었고, 디키(D, Dickey)는 서술, 정의, 분석, 종합, 통계, 실례, 비교와 대조, 환언, 시각 보조 등을 들었다. 개념을 분명하게 하기 위해서는 지정과 정의의 방법을 사용할 수 있고, 보다 명확하게 하기 위해서는 구분과 분류가 필요하다.[4]

---

4) 김복순 외, 『발표와 토의』, 명지대학교 출판부, 2000, 284쪽 이하 참조.

사과

[정의]	사과나무의 열매입니다.
[묘사]	모양은 동그랗고 야구공만 한 크기이며 주로 붉은색입니다.
[비교·대조]	배보다 새콤하고, 귤보다 아삭합니다.

음악

[정의]	음을 일정한 방법에 의하여 조합 결합시켜 감흥을 일으키는 예술이다.
[분류·구분]	리듬, 선율, 화성이 주요요소이다.
	음악은 구분하는 기준에 따라 성악과 기악, 클래식과 대중음악, 현대음악과 전통음악 등 여러 구분이 가능하다
[비교·대조]	음악은 청각을 통한 예술인 반면, 시각을 통한 예술로는 미술이 있다.

● "시각 장애인에게 노란색을 설명하시오"

- 두산그룹의 면접 질문으로 취준생들이 뽑은 역대급 황당한 질문 중
하나입니다. 어떻게 설명하여야 할까요? 설명의 기법을 적용해 보면
다음과 같습니다.

[정의]　　　색깔이란 물체에 부딪친 빛이 파장에 따라 여러 가지로 달라지
　　　　　는 것을 말합니다.

[분류·구분]　색깔의 종류는 노란색, 빨간색, 파란색, 검은색, 녹색 등 다양
　　　　　합니다.

[정의]　　　이 중 노란색은 "병아리나 개나리꽃의 빛깔과 같이 매우 밝고
　　　　　선명한 색"입니다.

[비교·대조]　노란색은 심리적으로 자신감과 낙천적인 태도를 갖게 한다고
　　　　　합니다.
　　　　　반면 빨간색은 심리적으로 정열, 흥분, 적극성, 광기를 표현하
　　　　　는데 쓰입니다.
　　　　　파란색은 상쾌함, 신선함, 물, 차가움, 냉정 등을 떠올립니다.

[비교·대조]　노란색은 봄과 같은 따뜻한 느낌이며, 빨간색은 여름과 같은
　　　　　뜨거운 느낌입니다.

● 어려운 설명 vs 쉬운 설명[5]

똑같은 상황에 대한 설명도 어떻게 설명하는가에 따라 이해가 쉽기도 하고 어렵기도 합니다. 다음은 2006년 독일 월드컵 경기의 동일한 장면에 대한 SBS 해설 위원과 MBC 해설 위원의 설명입니다. 비교해서 읽어 보세요.

SBS 해설위원	MBC 해설위원
상황 1) 비가 오자	
우리의 뇌는 눈으로 보는 정보를 인식하죠. 망막이 인식한 '비'라는 피사체가 시신경을 통해 뇌로 전달되면 선수들은 긴장을 느끼게 됩니다. 비가 많이 오는 경우에는 그것을 인식한 뇌의 해마 부분이 자극을 느껴, 그것과 연결된 대퇴부 근육에 심각한 지장을 초래하기도 하죠.	비가 많이 오네요. 선수들 플레이에 약간 지장이 있을 수 있어요.
상황 2) 슈팅한 공이 하늘로 치솟자	
운동 역학적으로 말씀드린다면 슈팅을 하는 순간에 디딤발과 차는 발 사이의 밸런스가 제대로 맞춰 지지 않으면서 발등과 공의 임팩트 지점이 정확하지 않았기 때문에 저렇게 뜨는 겁니다.	킥하기 전 자세가 불안했습니다.

이 경기의 시청률은 MBC가 SBS보다 높았습니다. SBS 해설 위원의 설명은 과학적이고 이론적이며, MBC 해설 위원의 설명은 매우 단순합니다.

> 설명은 단순해야 합니다.
> 설명은 듣는 이의 눈높이에 맞아야 합니다.
> 설명은 듣는 이가 설명을 들으며
>   머리에서 그림이 그려질 수 있는 것이 좋습니다.

---

5) 함주한, 『프레젠테이션 상식 사전』, 길벗, 2008, 58쪽.

전문가 설명 스피치

시각 자료를 이용해 발표하는 연습, 스피치 구성 연습,
올바른 발표 자세 연습

1. 학생들이 자신이 잘 알고 있는 주제를 선정하도록 한다.

전문가 설명 스피치 주제 예시

축구 규칙, 프리미어 리그, 야구 규칙, 스노보드 타는 법,
카드 게임 규칙, 기타 연주 방법, 커피 종류, 화장품 종류, 칵테일 만드는 법,
핸드폰 구입 방법, 주식하는 법, 비트코인 사는 법, 유럽 유레일 타는 법,
자전거 고르는 법. 다이어트 방법, 화장하는 법, 우울증 대처법, 불면증 치료법,
미세먼지 대처법, 숙취 해소법, 서울의 관광 코스.

---

2. 학생들에게 전문가 설명 스피치 목적을 설명한다. 전문가 설명 스피치 목적은 청중들에게 객관적 설명을 하는 것이지 청중을 설득하는 것이 아니다. 즉 청중이 정보를 이해하도록 하는 것이다. 또 하나의 목적은 청중이 발표 내내 집중하도록 하는 것이다.
3. 학생들이 PPT와 같은 시각 자료를 준비해 발표하게 한다.
4. 발표 시간은 5분 내외로 한다.
5. 학생들에게 발표 시에 주의해야 할 시선 처리, 자세 등을 설명해 준다. (**보충 자료** '비언어 자기 점검표' 참고, 더 자세한 '발표 점검표'는 **부록** 참고)
6. 동일한 주제를 발표하게 해 설명 방식을 비교해 볼 수도 있다.
7. 평가지를 작성해 피드백 해준다. (II-2. 말하기-설명하기 / 3. 시연 스피치의 **평가지** 참고)

보충 자료

발표 시 유의해야 할 비언어 자기 점검표

시각적 측면		점수			
자세	두 발을 바닥에 붙이고 곧은 자세로 서 있는가?	4	3	2	1
몸짓	손동작 등이 적절한가?	4	3	2	1
얼굴 표정	내용 전달에 적절한 표정 변화를 하고 있는가?	4	3	2	1
시선 처리	청중들과 시선을 잘 맞추고 있는가?	4	3	2	1
음성적 측면		점수			
성량	목소리가 교실 뒤에까지 잘 전달되는가?	4	3	2	1
빠르기	말의 속도가 너무 빠르거나 느리지 않은가?	4	3	2	1
톤	전달하는 내용에 적절한 톤인가, 톤의 변화를 주고 있는가?	4	3	2	1
쉬어 말하기	중간중간 끊어가며 변화를 주고 있는가?	4	3	2	1
명료성	발음을 정확히 잘하고 있는가?	4	3	2	1

* 참고 **A speech to inform**, I'm the Expert, https://noisyclassroom.com

II - 3. 말하기 - 설득하기

01 ▶ 속담을 반박하라

주어진 정보를 비판적으로 해석하고 반론하는 연습

1. 반론이 가능한 속담 리스트를 보여주고, 학생들이 속담을 하나씩 선택하도록 한다. (**활동 자료** 참고)
2. 선택한 속담의 본래 의미를 알아본다.
3. 선택한 속담에 대한 반론 문장을 작성한다.
4. 자신의 반론을 지지할 수 있는 근거와 사례를 찾아본다.
5. 활동지를 작성하여 발표한다. (**활동지** 참고)

1. 형만 한 아우 없다.

속담의 의미는 형이 아우보다 뛰어나다 혹은 아우가 아무리 뛰어나더라도 형만 못하다는 말이다. 아우가 형을 위하는 마음이 있어도 형이 아우를 생각하는 마음이 훨씬 크다는 뜻이기도 하다. 하지만 항상 옳은 말은 아니다. <흥부와 놀부>가 대표적인 예이다. 욕심 많은 놀부는 재산을 똑같이 나누라는 아버지의 유언을 무시하고 동생 흥부를 내쫓아 버린다. 동생이 먹을 것을 달라고 찾아와도 외면한다. 흥부가 제비 다리를 고쳐주고 부자가 되자 놀부도 제비 다리를 일부러 부러뜨려 벌을 받는다. 가난해진 놀부는 동생을 찾아가고, 흥부는 놀부와 달리 형을 용서하며 함께 행복하게 살아간다. 따라서 형보다 더 훌륭한 아우도 많다.

2. 미꾸라지 한 마리가 물을 흐린다.

한 마리의 고기가 물을 흐린다는 뜻으로, 한 사람의 잘못으로 여러 사람이 그 피해를 입게 됨을 뜻한다. 하지만 과학자 이정모에 의하면 미꾸라지가 물을 흐리는 것이 아니라 "이미 더러워진 웅덩이에서 미꾸라지가 잘 버티며 활동하는 것"(『저도 과학은 어렵습니다만』 24쪽)이라 지적하고 있다. 직장도 마찬가지이다. 미꾸라지 같은 직원이 들어와서 갈등을 일으키는 게 아니라 갈등 요소가 많은 직장에서 직원들이 버티고 있어 주는 것이다. 그리고 그 직원은 조직이 썩지 않도록 밑바닥에 산소를 공급해주는 귀한 존재일지 모른다.

3. 개천에서 용 난다.

이 속담은 시원찮은 환경이나 변변찮은 부모에게서도 빼어난 인물이
나온다는 의미이다. 최근 들어 '개천에서 용 나는가?'라는 찬반 토론 주제
로도 자주 다루어지고 있다. 2011 tvN 토론배틀 4강전에서 현재 우리나
라는 개천에서 용이 나기 힘든 사회라는 주장을 한 반대 측이 승리하였
다. 2016년 5월 8일 방송된 SBS 스페셜 <헬 조선과 게임의 법칙 - 개천에
서 용이 날까용?>에서는 국가를 향한 청춘들의 분노를 통해 대한민국 기
회구조를 진단해 보기도 하였다.

 반박 가능한 속담 목록

속담	반론 예시
가는 날이 장날이다.	오일장은 20% 확률이다.
가재는 게 편이다.	개인 취향이다.
광에서 인심 난다.	인심은 인성에서 나온다.
공든 탑이 무너지랴.	공든 탑도 무너진다. 노력만으로 안 되는 사회이다.
꿩 대신 닭	꿩은 꿩일 뿐. A급을 원하는데 B급을 주면 욕먹는다.
달리는 말에 채찍질한다.	동물 학대로 잡혀간다.
매도 먼저 맞는 놈이 더 낫다.	더 아프다.
백지장도 맞들면 낫다.	비효율적이고 쓸데없는 짓이다.
보기 좋은 떡이 먹기도 좋다.	'못생겨도 맛은 좋아'

부지런한 물방아는 얼 새도 없다.	기상이변으로 언다. 휴식이 효율적이다.
비 온 뒤에 땅이 굳어진다.	질척거린다.
십 년이면 강산이 변한다.	그전에 변한다.
서당 개 삼 년에 풍월을 읊는다.	'쇠귀에 경 읽기'
지렁이도 밟으면 꿈틀한다.	밟으면 안 된다. 죽는다.
중이 제 머리 못 깎는다.	가능하다.
티끌 모아 태산	현실적으로 불가능하다.
고생 끝에 낙이 온다.	신자유주의 사회에서는 불가능하다.
내리사랑은 있어도 치사랑은 없다.	효녀 심청 있는데~
구관이 명관이다.	신관이 명관인 경우도 많다.
산 사람 목구멍에 거미줄 치랴.	굶주림에 죽어가는 아사자가 많다.
우물을 파도 한 우물을 파라.	한 번에 여러 개 파는 게 더 가능성이 크다.
콩으로 메주를 쑨다 해도 못 믿는다.	팥으로 메주를 쑨다 해도 곧이듣는다.
품 안에 있어야 자식이다.	가족관계증명서에 있어야 자식이다.
모난 돌이 정 맞는다.	예쁜 대리석이 정을 가장 많이 맞는다.
사흘 굶어 도둑질 안 하는 사람 없다.	단식투쟁하는 사람들도 도둑놈?
윗물이 맑아야 아랫물이 맑다.	침전된 경우 윗물이 맑아도 아랫물은 흙탕물이다.
입에 쓴 약이 병에는 좋다.	쓰지 않아도 좋은 약이 많고 입에 쓴 약은 달게 만들어야 한다.

속담을 반박하라!

먼저 속담을 선택합니다.
그 다음 반론해보세요 자 이제~

 내가 선택한속담

원래 의미

 반론하기

반론의 근거

02 ▶ 철학적 명제를 논하라

 비판적 사고 연습, 설득 스피치 구성 연습, 발표 연습

기본

1. 찬반 또는 양자 간의 선택이 가능한 철학적 명제를 준비한다. **(활동 자료** 참고)
2. 학생들이 하나의 명제를 선택해 찬성, 반대 중 한쪽의 입장을 정하도록 하고 상대방을 설득할 수 있는 설득 스피치를 준비한다.
3. 원고 작성 후 앞에 나와 발표한다. 발표 시간은 4~5분으로 제한한다.
4. 학생이 발표를 하는 동안 교수자는 교수자 평가지를, 학생들은 상호 평가지를 작성해 피드백 해준다. **(평가지** 참고)
5. 발표하는 학생의 핸드폰으로 발표 모습을 동영상 촬영한다.
6. 발표가 끝나고 나면 발표자는 세 개의 피드백 자료(교수자, 동료 피드

백, 동영상을 통한 self 피드백)를 받게 된다.
7. 세 개의 피드백 자료를 바탕으로 자신의 발표에 대한 자기 평가서를 작성한다. **(평가지 참고)**

심화

1. 한 학생의 발표가 끝난 후 청중과의 질의응답 시간을 통해 주어진 명제에 대한 간단한 찬반 토론을 이어갈 수 있다.
2. 한 명제에 대해 복수의 학생이 발표를 하는 경우, 찬성과 반대 의견 또는 같은 찬성의 입장이라도 지지하는 근거의 차이나 설득 방식의 차이를 확인해 볼 수 있는 기회가 된다.
3. 동일 논제에 대해 여러 명이 발표를 하는 경우, 발표자들은 복도에서 대기하고 한 명씩 들어와 발표한다.

활동 자료

철학적 명제 목록

도덕적 시비를 가리는 것은 이성일까, 정서일까?

인간의 욕망은 절제해야 하는가, 지향해야 하는가?

사랑이 의무일 수 있는가?

사회적 약자를 우대하는 차등의 원칙은 정의로운가?

국가가 나서서 분배적 정의를 실현하는 것은 정의로운가?

광고는 합리적 소비를 위한 수단인가?

선거는 합리적 선택인가?

정당한 전쟁은 가능한가?

권리를 수호한다는 것과 이익을 옹호한다는 것은 같은 뜻인가?

철학이 세상을 바꿀 수 있는가?

세계화는 개발도상국에 있어 희망인가, 재앙인가?

동물은 윤리의 대상이 될 수 있는가?

역사는 진보하는가?

우리는 자기 자신에게 거짓말을 할 수 있는가?

국가 없는 정치는 가능한가?

비도덕적 사회에서 도덕적 개인은 가능한가?

테러는 폭력인가, 저항인가?

스스로 의식하지 못하는 행복이 가능한가?

법에 복종하지 않는 행동도 이성적인 행동일 수 있는가?

목적은 수단을 정당화할 수 있는가?

나는 나를 파괴할 권리가 있는가?

예술가의 작품과 개인의 도덕적 문제를 분리해서 평가해야 하는가?

생명 연장 기계에 의존하여 살고 있는 환자의 생명을 연장하는 것은 환자의 생명을 존중하는 일인가?

● 학생 상호 평가표

발표자 _____   제목 _____

부분		상	중	하	보완점 및 개선방안
음성	성량				
	톤				
	발음의 정확성				
	말의 속도				
	어조 변화				
태도	시선 처리				
	얼굴 표정				
	자세 및 동작				
	손 처리				
내용	설득력 있는 주장				
	논거 구성의 적합성				
	문장 적절성, 효과적 표현				
기타	성실한 준비				
	청중 반응				

● 교수자 평가표

일 시	월 일 / 수업 시간 : 요일 시 분				
이 름		제 목			
항 목	평 가 내 용	우수	적절	보완	보완점
음 성 관 련 (4)	목소리 크기는 적절한가?				
	말하는 속도는 적절한가?				
	발음은 명확한가?				
	어조, 억양은 적절한가?				
	발표자만의 습관적인 어투가 있는가?				
	어휘력, 표현력, 문장 구성력은 적절한가?				
동 작 관 련 (4)	자세가 적절한가?				
	손 처리가 적절한가?				
	발과 다리 움직임이 적절한가?				
	표정은 적절한가?				
시 선 관 련 (4)	청중과 시선을 정확히 맞추고 있는가?				
	모든 청중을 고르게 살피는가?				
내 용 구 성 (4)	발표의 시작은 적절한가?				
	내용 전달에서 발표자의 진정성이 보이는가?				
	설득력이 있는 주장인가?				
	발표 마무리를 적절하게 하고 있는가?				
기 타 (4)	청중의 눈높이를 고려하여 전달하였는가?				
	자신감 있는 모습인가?				
	발표에 적절한 단정한 모습인가?				
	시간 배분은 적절한가?				
	성실한 준비가 드러나는 발표인가?				
종 합 의 견					

● 발표 후 자기 평가서

구분	항목	피드백 내용	보완점
내용	발표의 시작과 끝		
	설득력		
	논거 구성		
태도	자세		
	표정		
	동작		
	시선		
음성	발음		
	목소리		
	말의 속도		
기타	청중 반응		
	성실성, 자신감		
	시간 배분		
	질문에 응하는 태도		
총평			

03 설득 심리를 활용한 설득 role-play

활동 목표

설득 심리를 활용한 설득 스피치 구성 연습

진행 방법

방식 1 세일즈 스피치

1. 2인 1조(각각 판매자, 구매자 1명, 1차 활동 후 역할 바꾸기)로 모둠을 구성한다. 학생들에게 각각 역할을 부여하고, 판매할 물건을 정한다.

세일즈 스피치 주제	· 사과, 신발, 옷, 학습지, 보험 가입 등을 판매하시오
tvN 대학토론배틀 7 예선	· 강타 열혈팬 서유리에게 젝키 우비를 판매하시오 · 상남자 다니엘에게 뷰티 3종 세트를 판매하시오 · 술 '극혐' 여에스더 박사에게 테킬라를 판매하시오 · 털 알레르기가 있는 허지웅에게 앙고라 니트를 판매하시오

2. 물건을 선택한 학생은 옆 친구에게 판매하는 설득 스피치를 한다.
3. 물건 판매에 있어 어느 부분(물건의 기능, 상품 구매 후의 편의성 등.)
   에 중점을 둘 것인지를 생각한다.
4. 설득의 심리적 기법에 대해 설명한다. (**참고 자료** 참고)
5. 학생들이 동일한 물건으로 설득의 심리적 기법 중 한두 방식을 적용하
   여 다시 설득 스피치를 시행한다.
6. 어느 것이 더 청중의 마음을 움직였는지, 행동의 변화를 가져왔는지 평
   가한다.

방식 2   설득 role-play

1. 설득이 필요한 상황들을 제시하고 학생들에게 역할을 부여한다.

설득 스피치 주제	· 부모님에게 용돈 인상해 달라고 말하기 · 팀 모임 시간 바꾸기 · 길거리에서 담배 피우는 청소년에게 금연 권유하기 · 길냥이 밥 주는 사람에게 밥 주지 말라 하기 · 극장에서 앞사람에게 좌석 바꿔 달라 하기 · 게임 덕후에게 게임 시간제한을 제안하기
tvN 대학토론배틀 6 예선 설득스피치 주제	· '식스팩 만들기는 시간 낭비다.'로 헬스 마니아 30인을 설득하시오 · '성형수술을 금지해야 한다.'로 성형외과 의사 30인을 설득하시오 · '채식주의자는 불행하다.'로 채식주의자 30인을 설득하시오

2. 이후의 진행은 <방식 1>과 동일하다. 심리적 설득 기법을 활용한 설득
   과 그렇지 않은 설득을 비교해 보고 설득력을 높이는 방법에 대해 모
   두별로 이야기 나눈다.

설득의 심리학

『설득의 심리학』(Robert Cialdini 저, 21세기북스)은 한국 출판시장에서 가장 꾸준히 팔리고 있는 설득 관련 책 중의 하나이다. 이 책에서 제시하고 있는 설득의 기법들은 대부분 심리적인 접근법이다. 이 책에서 제시하는 설득 기법 중 몇 가지를 살펴보면 다음과 같다.

설득 기법	설명 및 예시
에펠탑 효과	보고 또 보면 없던 정도 생긴다. 설득을 하기 위해서는 친숙해져야 할 필요가 있으며 반복도 중요하다.
다홍치마 효과	보기 좋은 떡이 먹기도 좋다. 외양을 무시해서는 안 된다.
기대치 위반의 효과	기대하지 않은 선물은 우리를 더 기쁘게 한다.
청개구리 기법	하지 말라고 하면 기어이 하고야 만다. (예시) "이 물건은 손님에게는 어울리지 않는데요."
마감 전략	희귀성의 원칙이다. (예시) "이번이 마지막 기회입니다.", "한정 판매", "품절 임박"
권위의 상징물 효과	크고 화려한 것이라면 우선 믿을 만하다.
다수의 증거 기법	친구 따라 강남 간다. (예시) "이것이 손님들이 가장 많이 찾는 물건인데요."
미리 주기 전략	되로 주고 말로 받는다. 시식 코너의 경우가 이에 해당한다.
연상의 법칙	마누라가 예쁘면 처갓집 말뚝에도 절을 한다.
사회적 매력	닮으면 친해지고 칭찬하면 좋아진다.
문전 걸치기 전략	아주 작은 요구에서 시작하라. 이것은 Yes-Yes의 기법이다. 처음부터 "학습지 하나 하세요."라고 하면 답은 No가 될 것이다. Yes의 대답이 나오는 질문을 먼저 던져야 한다. 예를 들어 "자녀 교육에 관심이 많으시죠?" 등이다.
일보 후퇴, 이보 전진 전략	일단 거절당하자. 이것은 No-Yes의 기법이다. 돈을 천 원을 빌려야 한다면 처음에 돈 만 원을 빌려 달라고 요구한다. 상대방의 대답이 No로 나오면 그때 천 원만 빌려 달라고 한다.
무인도 생존 기법	우리라는 우리에 가두자. 어려운 일을 같이 겪고 나면 친밀감이 배가 된다. 연애 초기에 무서운 놀이기구를 같이 타는 것도 이러한 이유에서라고 한다.

청중 태도에 따른 설득 전략6)

설득에서 가장 중요한 일은 설득 대상을 정확하게 파악하는 것이다. 적대적 청중은 한 번의 설득으로 완전히 마음을 바꾸게 하는 것은 쉬운 일이 아니다. 적대적 청중이 설득 후 중립적인 입장으로 마음이 변하였다면 이것도 설득에 성공했다 할 수 있다.

청중 종류	개괄적 목적	구체적 목적	세부적인 설득 전략
적대적 청중	설득	납득 시키기	· 실행 가능한 스피치 목표를 세운다. · 공감대를 형성한다. · 논리적 설득 전략을 강화한다.
중립적 청중	설득	관심을 불러 일으키기	· 주제에 대해 잘 모르면 먼저 정보를 제공하여 청중의 이해를 돕는다. · 주제에 대해 무관심하면 주제가 청중의 삶과 관련이 있다는 점을 들어 관심을 불러일으킨다. · 두 입장 사이에서 고민하면 반대 측의 주요 근거를 예상해서 이를 반론함으로써 자신의 주장을 강화한다.
우호적 청중	설득	행동하게 하기	· 감정에 호소해서 연사에 대한 지지 입장을 강화한다. · 실천하기 위한 로드맵을 제시한다. · 지속적으로 연사의 입장을 지지하게 하기 위해서 지지하는 이유에 대해 상기시켜 준다.

---

6) 『소통의 기초 스피치와 토론』, 교과교재 출간위원회, 성균관대학교출판부, 227쪽.

광고의 설득 효과 분석

광고의 설득력 분석을 통한 설득의 요소와 구성 방식을 학습

1. 학생들에게 몇 장의 공익광고를 보여준다. (**활동 자료** 참고)
2. 모둠별로 학생들이 설득력 있는 광고와 설득력 없는 광고를 하나씩 선택한다.
3. 모둠에서 선택한 광고에 대해 설득력이 있는 이유와 설득력이 없는 이유를 모둠 토의를 통해 작성한다.
4. 모둠 활동이 끝나면 발표자가 토의 결과를 발표한다.
5. 다른 모둠에서 같은 광고를 분석한 경우 두 모둠의 분석 결과를 비교해 본다.
6. 설득력 없는 광고의 경우, 설득에 실패한 이유를 분석하고 내용을 수정하여 설득력 있는 광고로 새롭게 만들어 보는 활동을 할 수도 있다.

광고 분석 예시

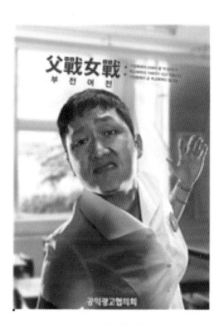

광고의 설득 효과	
광고 주제	가정폭력 근절
대상(청중)	국민 전체
설득을 위한 광고의 콘셉트	가정폭력의 피해자 중 60%가 학교폭력의 가해자가 된다는 메시지로 폭력의 대물림을 막아야 한다는 내용을 강조한다.
설득 효과 토의	A : 아버지가 딸의 교복을 입은 것부터 문제 아니야? B : 가정폭력의 가해자와 학교폭력의 가해자인 딸을 동일시하는데, 이걸 본다고 폭력적인 행동을 안 하나?? C : 아버지의 인상 쓴 얼굴과 올라간 손의 폭력이 극혐이야. B : 담배 광고처럼 혐오스러운 게 콘셉트인가?? A : 학교에 걸어두는 건 문제가 있어 보여.

설득효과 분석이 가능한 공익광고 [출처 : 한국방송광고진흥공사]

2004
엄마 눈은 달마시안

2018
목격자

2005
나무를 죽이는 컵 나무를 살리는 컵

2008 외국에 살면 외국인이고
한국에 살면 한국인입니다.

| 2008
한 장이 아닌 두 장 | 2013 아름다운 선율도
이웃에게는 고통이 됩니다. |

| 2017
혐오 곤충 도감 | 2018
별이 취하는 밤에 |

· 그 외
'65세 때, 어느 손잡이를 잡으시렵니까?', 국민연금공단 대학생 광고 공모전 최우수상, 2010.
'하나는 부족합니다.', 　　　　　 보건복지부 한국생산성본부 출산장려 포스터 공모전 금상, 2015.

05 ▶ 설득 스피치 분석

활동 목표

아리스토텔레스의 설득의 3요소 이해하기,
수사학의 연설의 5단계 이해하기,
설득의 3요소를 적용한 설득 스피치 구성 연습

진행 방법

1. 학생들에게 스피치 구성의 기본 단계인 수사학에서의 연설의 5단계를
   설명한다. (**참고 자료 1** 참조)
2. 학생들에게 아리스토텔레스의 설득의 3요소를 설명한다.
   (**참고 자료 2** 참조)
3. 학생들에게 유명 연설문이나 유명 연설 동영상을 보여준다.

분석 가능한
유명 연설 목록
	· Steve Jobs, Stanford 대학 2005년 졸업식 연설
	    https://www.youtube.com/watch?v=7aA17H-3Vig
	· Robert De Niro, Tisch(School oh Arts) 2011년 졸업식 연설
	    https://www.youtube.com/watch?v=-2ulhak3Yt0
	· Emma Watson 2104년 UN 연설, HeForShe
	    https://www.youtube.com/watch?v=I_JPEYnw8-w
	· 방탄소년단 2018년 UN 연설, Love Yourself
	    https://www.youtube.com/watch?v=sTav3JaHU2I
	· 문재인 대통령 2018년 평양 능라도 5.1 경기장 연설
	    https://www.youtube.com/watch?v=6N4-cArJeaY
	· Shakespeare 『율리우스 카이사르』 3막 1장 브루투스와 안토니우스 연설

4. 학생들이 연설을 보면서 연설 분석 평가지를 작성한다. (**평가지** 참고)
5. 모둠별로 4~5명이 모여 각자 자신이 작성한 평가지를 바탕으로 토의한다. 설득에 효과적이었던 부분과 설득에 효과적이지 못했던 부분에 대해 토의한다.
6. 활동이 끝나면 각 모둠의 발표자가 토의 결과를 발표한다.
7. 동일한 상황에서 진행되었던 두 연설을 비교해 보는 활동을 진행할 수도 있다.

      졸업식 연설 - Steve Jobs   vs   Robert De Niro
      UN 연설   - Emma Watson vs BTS

1. 각 모둠의 발표자는 미리 정해 주거나 학생들끼리 정하게 하지 않는 것이 좋다. 발표자가 미리 정해지면 발표자 외의 다른 학생들은 열심히 참여하지 않는다. 발표자는 마지막 순간에 교사가 임의로 정해 주

는 것이 학생들을 긴장감 있게 끌고 갈 수 있다. 임의 방식이란 학교에서 집이 제일 먼 사람, 생일이 가장 가까운 사람 등으로 정할 수 있다.
2. 모둠별로 활동 내용을 발표하다 보면 내용이 겹치는 경우가 많다. 이를 방지하기 위해 발표자들에게 앞 모둠의 발표에서 이미 나왔던 사항은 반복하지 말고 새로운 사항일 경우에만 발표하도록 한다. 이러한 규칙을 미리 공지하면 학생들은 다른 모둠에서 다루지 않은 내용도 찾아야 하기 때문에 조금 더 긴장감 있게 모둠 활동에 참여할 것이다.

1. 연설의 5단계

수사학(Rhetoric)은 '주어진 상황에서 가능한 설득의 방법을 찾아내는 능력'(아리스토텔레스)을 말한다. 수사학은 기본적으로 웅변술에서 출발하였다. 수사학에서는 연설을 구성 단계에 따라 착상, 배열, 표현, 기억, 전달의 5단계로 설정하고 있다.

착상 (inventio)	무엇을 말할 것인지를 찾는 단계 주제를 정하고 이 주제를 말하기 목적과 청중에 맞게 구체적으로 설정
배열 (dispositio)	그 생각들을 어떻게 배열할 것인지 적합한 배열 방식을 선정
표현 (elocutio)	배열된 생각에 언어의 옷을 입히는 단계 주제, 발표자, 청중, 목적, 문맥에 맞는 어휘 선택
기억 (memoria)	이렇게 작성된 원고를 충분히 숙지하는 단계
전달 (actio)	마지막으로 현장에서 전달 말의 빠르기, 억양 변화, 강조점 두기, 시선, 자세, 표정, 몸짓 등

2. 아리스토텔레스의 설득의 3요소

아리스토텔레스는 설득은 영혼을 자극해야 일어나는 일이라고 하였다. 판단을 가능하게 하는 영혼의 부분들인 이성, 감성, 품성을 자극해야 설득이 가능하다는 것이다. 따라서 이성에 호소하는 로고스(Logos), 감성에 호소하는 파토스(Pathos), 말하는 사람의 인격에 호소하는 에토스(Ethos)를 설득의 3요소로 제시하였다.

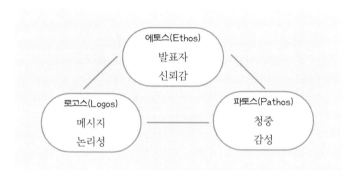

 연설 분석 평가지

	평가 기준	평가 내용	4	3	2	1
연설의 구성 단계	**착상** 논거, 소재의 적절성					
	배열 구조, 조직의 적절성					
	표현 어휘, 문장의 적절성					
	전달 시선, 음성의 적절성					

설득 요소	에토스 신뢰감을 주는지				
	로고스 논리적인지				
	파토스 감성적 호소가 있는지				

총 평 : 설득에 효과적이었던 부분, 설득에 효과적이지 않았던 부분

보충 자료

● Ethos, Logos, Pathos 구별하기 연습 문제[7]

명지는 방금 운전면허증을 발급받았습니다. 운전이 너무 하고 싶습니다. 명지네 집에는 얼마 전 아빠가 새로 구입한 신형 자동차가 있습니다. 아직 시트 비닐도 벗기지 않은 아빠의 최애 아이템이죠. 아빠를 어떻게 설득하면 명지는 이 새 차를 운전할 수 있을까요? 다음은 명지가 아빠를 설득하기 위해 한 말입니다. 각각의 문장은 이성적 호소(Logos), 감성적 호소(Pathos), 인격적 호소(Ethos) 중 어느 것에 해당하는지 찾아보기 바랍니다.

---

7) The California High School Speech Association's Curriculum Committee, *Speaking across the curriculum*, IDEA Press, 2004, 118쪽 참고.

이성적 호소는 **L**, 감성적 호소는 **P**, 인격적 호소는 **E**로 표시하세요.

1. 제가 항상 다른 집 차를 얻어 타야 한다면 기분이 어떨까요?
2. 제가 어디로 가는지 엄마, 아빠께 정확히 말씀드릴 것을 약속합니다.
3. 아빠가 저를 여기저기 태워다 주는 것보다 제가 운전하는 게 더 편하지 않을까요?
4. 부모님이 저에 대해 걱정하는 것을 알고 있으니, 특별히 주의해서 운전할게요.
5. 저는 훌륭하고 책임감 있는 운전자가 될 것이라고 약속해요.
6. 제가 기름값을 지불할게요. 그리고 매주 세차를 할게요.
7. 저는 운전면허시험에서 아주 높은 성적을 받았어요. 운전 시험 감독 선생님도 제가 다른 시험 자들에 비해 운전을 되게 잘한다고 하셨어요.
8. 새 자동차는 잔고장이 없으니 저 같은 초보가 운전하기에는 더 좋지 않겠어요?
9. 나는 아빠가 나를 신뢰하고 있다고 생각해요. 그렇지 않다면 아빠에게 요구하지도 않았을 거예요.
10. 나도 이제 책임질 줄 아는 성인이 되고 싶어요.

1. P / 2. E / 3. L / 4. P / 5. E / 6. L / 7. L / 8. L / 9. E / 10. E

06 오류 찾기

활동 목표 논리와 비논리를 구분하는 연습, 논증 구조를 이해하는 연습

진행 방법

1. 교사는 학생들에게 오류의 의미와 종류를 설명한다. **(참고 자료** 참고)
2. 교사는 오류를 쉽게 찾을 수 있는 광고, 속담, 정치인 말하기 등의 영역을 제시한다.
3. 학생들이 찾은 오류를 발표하고, 그것이 왜 타당하지 못한지에 대해 같이 이야기 나눈다.

오류 찾기 예시

* **속담 속 오류 찾기**

    · 암탉이 울면 집안이 망한다.   - 거짓된 원인의 오류
    · 하나를 보면 열을 안다.   - 성급한 일반화의 오류
    · 무소식이 희소식이다.   - 무지의 오류
    · 까마귀 날자 배 떨어진다.   - 거짓된 원인의 오류
    · 잘 나가다 삼천포로 빠진다.   - 논점 이탈의 오류

* **광고 속 오류 찾기**

· '아인슈타인 우유'   - 권위의 오류
· '이 책은 베스트셀러, 이것이 바로 이 책을 읽어야만 하는 이유'
                                        - 대중에 호소하는 오류

* **정치인 말하기 속 오류 찾기**

· 2007년 한나라당에서 대선후보 경선을 앞두고 경선 규칙이 바뀌자 박근혜 후보는 "고스톱을 치다 룰을 바꾸는가?"라고 항의하였다. 그러자 이명박 후보는 "난 고스톱을 못 쳐 모르겠다."라고 대구하였다.
                                        - 강조의 오류
· "세상에는 '상식인'과 '비상식인'이 존재하는데 일본과 달리 한국은 비상식인처럼 행동하고 있다는 것을 전제로 대응해야 한다."(일본 자민당 안보부회에서 나온 발언 2018. 01. 18.)
                                        - 흑백 사고의 오류

● 오류란?

  오류란 겉으로는 타당한 논증인 것처럼 보이지만 실제로는 부당한 논 증을 말한다. 즉 겉으로 보기에 타당한 것 같고 그래서 속기 쉬운 것을 말 한다. 논리적인 말하기를 공부하기 위해서는 타당한 논증을 체계적으로 학습하는 것도 필요하지만, 부당한 논증을 분석해 봄으로써 논리적 구성 과 비논리적 구성을 구분하는 시각을 키울 수 있다. 오류 분석 연습은 상 대방의 논리적 취약점을 찾아내는 데 도움이 되며 이를 바탕으로 적절한 반론을 구성할 수 있다.

● 오류의 종류

  오류란 원칙에 어긋나서 생기는 것인데 이러한 오류가 체계적이고 원 칙적일 수는 없다. 원칙을 벗어나는 데는 원칙이 없고 그 방식이 다양 하기 때문이다. 오류 분류는 기본적으로 아리스토텔레스가 『소피스트 적 논박』에서 작성한 목록을 기본으로 한다. 오류는 문화적이며 언어적 인 환경에 의존한다. 그러므로 하나의 잣대로 구분을 할 수는 없고 명칭 도 다양하다. 대표적인 오류의 예를 크게 세 부분으로 살펴보면 다음과 같다.[8]

---

8) 각 오류의 예는 하병학 『토론과 설득을 위한 우리들의 논리』(철학과 현실사, 2000)와 김광수, 『논리와 비판적 사고』(철학과 현실사, 2007)를 참고.

1. 논증 과정의 오류

전건 부정의 오류	p → q가 참인 명제라면 not p → not q도 참이라고 주장하는 것이다. 만일 그 동물이 고래라면 그 동물은 포유동물이다. 그런데 그 동물은 고래가 아니다. 고로 그 동물은 포유동물이 아니다.
후건 긍정의 오류	p → q가 참이면 q → p도 참이라고 주장하는 것이다. 비가 오면 땅이 젖는다. 땅이 젖어 있다. 따라서 비가 왔다.
선언지 긍정의 오류	'또는'을 배타적 의미로만 사용할 때 발생하는 오류이다. 그녀는 춤을 잘 추든지 노래를 잘 부를 것이다. 그녀는 춤을 잘 춘다. 고로 그녀는 노래를 잘 못한다.
순환 논증의 오류	증명하고자 하는 결론을 전제로 삼거나, 없는 전제로부터 결론을 도출하려고 할 때 생기는 오류이다. 신은 존재한다. 왜냐하면 성서가 그렇게 말하고 있기 때문이다. 성서가 우리에게 말하는 바는 모두 진리이다. 왜냐하면 그것은 신이 계시한 언어이기 때문이다.
자가당착의 오류	결론에서 전제를 부정하는 잘못을 범하는 경우이다. 나는 '절대'라는 말을 절대 사용하지 않는다.

2. 언어적 요인에 의한 오류

말의 애매함에서 오는 오류	그는 나의 숭배자이다. (누가 누구를 숭배하나?)
강조의 오류	성경에 '이웃에게 거짓말을 하지 말라'고 하였다. 그러므로 선생님께는 거짓말을 해도 된다.
결합과 분해의 오류	어떤 나라의 국회가 아주 훌륭하다. 그렇다면 그 나라의 국회의원도 모두 훌륭하다.

3-1. 판단 기준, 판단의 타당성에 관련된 오류 – 심리적 요인에 의한 오류

인신공격의 오류	당신은 무조건 그 사람의 말을 믿어서는 안 돼. 왜냐하면 그는 선거법 위반으로 감옥살이를 한 적이 있거든.
권위에의 오류	이러한 의원 내각제는 민주주의가 발달한 독일이나 캐나다 등에서도 실시되고 있는 제도입니다.
동정에 호소하는 오류	사장님, 저는 봉급을 인상 받을 만합니다. 저는 사장님이 주는 봉급으로는 여덟 명의 아이를 먹여 살릴 수 없습니다. 그뿐만 아니라 큰아이는 이제 대학에 가야 하는데 등록금조차 마련하지 못하고 있습니다.
힘에 호소하는 오류	만일 이번에 우리의 요구 사항을 들어주지 않는다면 그 후에 발생하는 모든 불미스러운 상황에 대해서는 학교 당국이 전적으로 책임져야 합니다.

대중에 호소 하는 오류	이 마을 사람들 대부분이 이 신문을 구독하고 있으니, 당신도 이 신문을 구독하도록 하세요.
희망에 호소 하는 오류	신은 틀림없이 있다. 왜냐하면 만일 우리 모두가 신이 없다고 믿는다면, 우리에게는 다른 사람을 착하게 대할 이유가 없어지고 따라서 세계는 완전히 무법상태가 될 것이기 때문이다.
자존심 자극의 오류	경제적으로 부담이 되시면 무리하시지 말고 소형차를 구입하시는 것도 좋을 겁니다.

3-2. 판단 기준. 판단의 타당성에 관련된 오류 - 부적합한 논거에 의한 오류

성급한 일반화의 오류	A: 청바지가 싸다고 해서 일부러 먼 곳까지 왔는데 별로 싸지 않네. B: 맞아, 오히려 약간 더 비싼 것 같아. A: 이 백화점 물건값 비싸다고 소문 좀 내야겠어.
무지의 오류	아무도 신이 존재하지 않는다고 증명한 일이 없다. 따라서 신은 존재한다.
일반 규칙의 오류	거짓말을 하는 것은 나쁜 것이므로 정신과 의사가 환자를 치료할 목적으로 거짓말을 하는 것도 나쁜 행위이다.
거짓된 원인의 오류	신에게 사람을 제물로 바치지 않았기 때문에 일식이 일어난 거야.
아전인수의 오류	김병태 의원은 우리나라에 핵미사일을 배치해서는 안 된다고 말한다. 나는 그 견해에 절대 반대한다. 나는 도대체 그가 우리나라를 무방비 상태로 내버려 두려는 이유를 이해할 수가 없다.
흑백 사고의 오류	A: 밥을 잘 먹어야지. B: 내가 뚱뚱보가 되었으면 좋겠어요?
복합 질문의 오류	네 죄를 네가 알렸다. - 예, 아니요 모두 죄가 있음을 시인하게 된다.
논점 일탈의 오류	취한 상태에서 살인을 한 범인의 변호사가 변론 도중 "알코올 중독은 매우 심각한 사회 문제입니다. 따라서 마땅히 이러한 사회적 문제를 해결하기 위한 노력이 있어야 합니다."라고 하는 경우이다.
의도 확대의 오류	현재 비자금 공방은 경제를 수렁으로 몰고 가자는 무책임한 의도로 볼 수밖에 없습니다.
우물에 독 뿌리기	반론의 가능성을 원천 봉쇄하는 것이기 때문에 '원천 봉쇄의 오류'라고도 한다. 내가 '인간은 타락하였다'라고 할 때 나에게 동의하지 않는 자들은 자신들이 이미 타락하였다는 것을 증명하고 있는 것이다.

● 쇼펜하우어가 말하는 '논쟁과 토론의 38가지 기술'과 오류

쇼펜하우어는 "대부분의 사람들은 천성적으로 허영심을 지니고 있으며 정직하기보다는 부정직하고 수다스럽기까지 하다"라고 한다. 따라서 토론을 할 때 "진리를 찾으려는 마음보다는 승리하려는 욕구가 늘 앞서 있다"라고 보았다. 이렇게 본성에 이끌린 사람들이 토론에서 사용할 수 있는 방법에 대해 쇼펜하우어는 다음의 38가지로 제시하였다. 논리가 아닌 본성으로 접근한 것이므로 그가 제시하는 기술은 대부분 우리가 위에서 확인한 오류들이다. 이를 살펴보면 다음과 같다.

쇼펜하우어의 '논쟁과 토론의 38가지 기술'[9]

1. 동기 부여를 통해 의지에 호소한다.
2. 자신이 누리고 있는 권위를 최대한 활용한다.
3. 논증이 안 된 내용을 기정사실화하여 전제로 삼는다.
4. 자기에게 유리한 비유를 신속하게 선택한다.
5. 불합리한 반대 주장을 함께 제시해 양자택일하게 한다.
6. 내용이 없는 말을 심오하고 학술적인 말로 둔갑시킨다.
7. 상대방의 대답을 근거로 자기주장의 진실성을 확보한다.
8. '예'라는 대답을 얻어낼 수 있는 질문을 던진다.
9. 상대방을 화나게 만들어 올바른 판단을 방해한다.
10. 말싸움을 걸어 무리한 주장을 하도록 유도한다.
11. 뜻밖의 화를 낸다면 그 부분을 집요하게 물고 늘어진다.
12. 상대방의 침묵은 곧 상대방의 약점이다.
13. 상대방의 주장을 최대한 넓게 해석해 과장한다.
14. 동음이의어를 이용해 교묘하게 반박한다.
15. 상대적 주장을 절대적 주장으로 바꿔 해석한다.
16. 전문지식이 부족한 청중들을 이용해 반박한다.
17. 상대방의 말과 행동이 모순되는 지점을 찾는다.
18. 상대방의 논거를 역이용해 반격한다.
19. 단 하나의 반증 사례만으로 상대방을 제압한다.

20. 사안을 일반화하여 보편적인 관점에서 반박한다.
21. 상대방의 주장을 이미 반박된 범주 속에 집어넣는다.
22. 틀린 증거를 빌미 삼아 정당한 명제까지도 반박한다.
23. 상대방의 궤변에는 궤변으로 맞선다.
24. 상대방이 자신의 결론을 미리 예측하지 못하게 한다.
25. 결론을 이끌어내는 질문을 두서없이 한다.
26. 참 전제가 안 통하면 거짓 전제로 결론을 도출한다.
27. 거짓 추론과 왜곡을 통해 억지 결론을 끌어낸다.
28. 근거가 되지 않는 답변마저도 결론의 근거로 삼는다.
29. 개별 사실의 시인을 보편적 진리에 대한 시인으로 간주한다.
30. 몇 가지 전제들에 대한 시인만으로도 얼른 결론을 내린다.
31. 반격당한 부분을 세밀하게 구분해 위기를 모면한다.
32. 상황이 불리하다 싶으면 재빨리 쟁점을 바꾼다.
33. 상대방에게 유리한 논거는 순환 논법이라고 몰아붙인다.
34. 질 것 같으면 진지한 태도로 갑자기 딴소리를 한다.
35. 반론할 게 없으면 무슨 소린지 못 알아듣겠다고 말한다.
36. 이론상으로는 맞지만 실제로 틀리다고 억지를 쓴다.
37. 불합리한 주장을 증명하기 힘들면 아리송한 명제를 던진다.
38. 인신공격은 최후의 수단이다.

◆ 위의 38가지 기술 중 4, 7, 8, 12, 17, 18, 24, 31번만이 비논리적이지 않은 반론의 방법이라 할 수 있다. 그 외의 기술들은 다음과 같은 오류에 해당한다고 할 수 있다.

- 인신공격의 오류   - 38 번
- 흑백논리의 오류   - 5 번
- 의도 확대의 오류   - 13 번
- 일반 규칙의 오류   - 15 번
- 말의 애매함에서 오는 오류   - 14 번
- 논점 일탈의 오류   - 32, 34 번
- 권위에 호소하는 오류   - 2, 6, 16 번
- 성급한 일반화의 오류   - 19, 20, 29, 30 번
- 거짓된 원인의 오류   - 3, 22, 26, 27, 28 번

이외에도 9, 10, 11번은 심리를 활용한 오류에 해당한다.

---

9) Schopenhauer, 『쇼펜하우어의 토론의 법칙』, 최성욱 역, 원앤원북스, 2003.

II⁻4. 말하기 - 종합

활동 목표

구조를 갖춘 완결된 스피치 작성 연습,
형식을 갖춘 공적 말하기 연습

진행 방법

1. 스피치 대회는 여러 이름으로 다양한 영역에서 진행되고 있다. '말하기 대회', '스피치 대회', '프레젠테이션 대회', 'public speaking competition' 등의 이름으로 시행되고 있다.

2. 주관 기관과 개최 목적에 따라 운영 형태는 다양하지만 기본 구성은 참가 대상, 주제, 시간 등을 정하고 시작한다.

3. 주제 선정은 자유 주제로 하는 경우, 개최 목적에 맞는 대주제만 제시하거나 또는 몇 가지 주제를 제시하고 그중 하나를 선택하는 것으로 나뉜다.

4. 발표 시간은 짧게는 3분, 길게는 10분 정도의 시간으로 진행한다. 대회 성격에 따라 프레젠테이션 등의 시각 자료를 사용하는 경우와 시각 자

료 없이 말로만 진행하는 경우가 있다.

5. 공식적인 대회가 아니더라도 교실에서 5분 자유 주제 발표 방식으로 수업을 진행할 수 있다. 진행 방식이 어떠하든 간에 가장 중요한 것은 발표자가 차별화되는 자신만의 생각을 담아내는가 하는 것이다. 차별화되는 스피치를 하기 위해서는 다음의 준비가 필요하다. (**참고 자료** 참고)

❶ **주제 선정** - 가장 중요한 것은 적합한 주제를 선정하는 일이다.
❷ **자료 찾기** - 자신의 주장을 지지할 수 있는 다양한 근거들을 찾아야 한다.
❸ **개요 짜기** - 자신의 이야기를 풀어나가는데 가장 적합한 틀을 만들어 이야기를 배치해야 한다.

6. 학생들은 서로의 스피치에 대한 상호평가 활동을 통해서도 많은 것을 배울 수 있다. (**평가지** 참고)

❶ 주제 선정 Tip

1. 자신이 잘 알고 있으며 좋아하는 주제를 선택한다. 그러나 선택한 주제는 청중도 관심을 갖는 주제여야 한다.
2. 독창적이어야 한다. 그것이 나의 스피치를 다른 사람의 스피치와 차별화해주는 것이다.
3. 스피치에는 자신만의 메시지나 자신만의 시각이 담겨 있어야 한다.

* 참고 **Leaders in Arts education speaking competitions**, www.artsunit.nsw.edu.au

❷ 자료 찾기 과제 예시[10]

학생들은 구체적인 근거 없이 자신의 생각만으로 스피치를 구성하는 경향이 있다. 또는 자신의 생각을 지지하는 근거자료를 어디서 찾아야 하는지 모르는 경우가 많다. 스피치를 구성하기 전 다음과 같은 자료 찾기 목록을 작성하면 효과적이다. 이 자료는 토의나 토론에 적용해도 좋다.

◆ 자신의 스피치를 작성하기 위한 기초 자료 목록을 작성하세요.
〈A. 책, 잡지 또는 인터넷 자료〉는 5가지 이상 반드시 찾기 바랍니다.
이 중 3가지 자료는 스피치 중 인용하는 것이 좋습니다.

A. 책, 잡지, 인터넷 자료

1. 저자 이름
   책, 잡지 또는 인터넷 자료 제목 _____
   책의 해당 부분 또는 학술지의 논문 _____
   인용 페이지 _____
   출판사, 출판 연도 _____

   (*같은 형식으로 4개 더 추가)

B. 인터뷰 자료

   인터뷰한 사람 이름 _____
   인터뷰 날짜 _____
   인터뷰한 사람의 직업, 사회적 위치 _____
   왜 이 인터뷰가 신뢰할 만한 자료인지 구체적으로 쓰시오. _____

C. 개인적 경험

   언제, 어디서의 경험인지 _____
   왜 이 경험이 의미 있는 자료인지를 구체적으로 쓰시오. _____

---

10) The California High School Speech Association's Curriculum Committee, *Speaking across the curriculum,* IDEA Press, 2004, 125쪽 참고.

❸ 개요 짜기 과제 예시

자료 찾기가 끝나면 학생들에게 스피치 개요를 짜도록 한다.

1. 들어가는 말

* 효과적인 서두 쓰기의 방법
- 경험적 일화의 소개
- 시사적인 혹은 일반적인 사실의 언급
- 경구 혹은 잘 알려진 명제의 제시
- 수사적 표현으로 시작하기
- 질문 또는 단정적 주장의 문제 제기
- 주제 나의 주장 밝히기

2. 본론

* 효과적인 내용 구성 방법의 유형

· 배열 방식에 따른 구조	– 병렬적 구조 – 점층적 구조 – 대비적 구조
· 서술 전개에 따른 구조	– 시간적 구조 – 공간적 구조 – 시공간 복합 구조
· 문제 제기 방식에 따른 구조	– 원인과 결과 구조 – 문제 해결 구조 – 찬반양론 구조
· 그 외	– 육하원칙 구조 – 상황을 정의하고 장점과 단점을 설명 – 상황을 정의하고 정치, 사회, 경제적 영향 논의 – 필요성 → 해결방안 → 방안의 장점

3. 나가는 말

* 효과적인 결말 쓰기의 방법
- 본론 요약 및 제시하기
- 경구 또는 잘 알려진 명제 이용하기
- 선택적 판단 및 부연하기
- 문제 상황 환기시키기

스피치 평가표

미국 NCA(National Communication Association)에서 사용하는 평가표
는 다음과 같다. 대회에서 평가를 위한 평가표는 단순해도 되지만 학생들
에게 피드백을 해 주기 위한 평가표는 자세하게 항목을 구분해 평가하는
것이 좋다. (구체적인 평가표는 II.-3. 말하기-설득하기 / 2. 철학적 명제를
논하라. 의 **평가지** 참조)

평가 항목	우수	적절	미흡
· 준비와 내용 - 구체적이며 적합한 주제 선정 - 적절한 전달 - 구체적 근거 제시 - 적절한 구성			
· 프레젠테이션과 전달력 - 언어 전달 - 태도, 시선 처리			
· 총평			

* 참고 **The Competent Speaker Speech Evaluation Form**, www.natcom.org

02 경쟁 스피치

활동 목표

설명적 말하기와 설득적 말하기 연습

진행 방법

경쟁 스피치는 일정 수의 학생에게 동일한 주제를 주고 발표하게 하는 것이다. 일반적인 대회보다는 면접 상황에서 자주 사용하는 방식이다. 교실에서 이러한 방식으로 진행하면 공적 말하기 및 면접 대비 연습을 할 수 있다.

기본

1. 스피치 주제를 선정하여 미리 제시하고, 학생들에게 발표를 준비하게 한다.
2. 스피치 학습을 위해 경쟁 스피치는 주제에 대한 정의, 객관적 근거 등의 설명과 자신의 주장인 설득을 나누어 구성할 수 있도록 지도한다.
3. 같은 주제를 발표하는 학생들은 상대방의 발표를 보지 않는 것이 좋다.

뒤에 발표하는 학생이 부담감을 가질 수 있기 때문이다.

4. 교사와 청중은 개별 발표자에 대한 피드백 평가지와 전체 그룹에 대한 평가지 두 장을 작성한다. (**평가지** 참고)

5. 평가지 작성 시에는 발표 내용 중 설명과 설득의 부분을 구분하여 평가하는 것이 효과적이다. (**보충 자료** 참고)

6. 발표가 모두 끝난 후에는 그룹 평가지를 보며 각 발표자의 설명 방식, 설득 방식의 차이를 비교해 볼 수 있다.

심화 페차쿠차 스피치 방식

페차쿠차(Pecha-Kucha)는 일본에 사는 두 명의 외국인 건축가 마크 다이 팀과 아스트라드 클라인이 2003년에 시작한 프레젠테이션 관련 이벤트이다. '페차쿠차'란 일본어로 잡담을 뜻한다. 발표자는 20장의 슬라이드만 사용할 수 있고, 각 슬라이드는 20초씩만 화면에 비친다. 발표자는 화면에 맞추어 발표를 해야 하는데 통틀어 6분 40초가 걸린다. 슬라이드는 자동으로 넘어가며 시간이 다 되면 발표자도 내려와야 하는 것이 페차쿠차의 규칙이다. 간결하면서도 엄격하기도 한 이 규칙의 목적은 프레젠테이션을 짧고 핵심적으로 만들기 위한 것이다. 교실 상황에 따라 슬라이드 분량과 시간을 적절하게 바꾸어 활용하면 이러한 방식의 경쟁 스피치도 가능하다.

● 평가표 1 - 경쟁 PT 개인 평가표 예시

발표자: ○○○   제목: 총점:

평 가 항 목		점 수				
		1	2	3	4	5
설명(10)	자료 제시는 구체적인가? (구체성)					
	명확하게 전달되었는가? (명확성)					
설득(15)	논거의 제시가 적절한가? (논리성)					
	논거와 주장의 연결이 설득력 있는가? (타당성)					
	호소력 있는가? (호소력)					
전달(20)	시선 처리는 적합한가?					
	자세, 표정과 동작은 적절한가?					
	발음, 성량, 말의 속도, 어조는 적절한가?					
	성실하게 준비하였는가?					
기타 의견						

● 평가표 2 - 경쟁 PT 그룹 평가표 예시

작성자: ○○○   제목:

	발표자 1	발표자 2	발표자 3	발표자 4	발표자 5
설명(10)					
설득(15)					
전달(20)					
총점(45)					

■ 발표자별 설명 방식의 공통점 및 차이점
 -공통점:
 -차이점:

■ 발표자별 설득 방식의 공통점 및 차이점
 -공통점:
 -차이점:

■ 개선방안:

설명적 말하기에서 해야 할 일	설득적 말하기에서 해야 할 일
• 예시와 그림 등으로 정보를 전달함 • 지침을 정확히 순서에 맞게 줄 수 있어야 함 • 정확하게 질문함 • 주요 포인트를 구분해 내고 기억함 • 타인이 이해하지 못할 때 알 수 있어야 함 • 타인의 메시지를 요약함	• 논리와 증거로 자신의 입장을 주장함 • 효과적인 구조를 사용함 • 사실과 의견을 구분함 • 메시지의 수용 정도를 파악함 • 타인의 반론을 인정할 수 있어야 함 • 타인의 말하기를 비판적으로 듣고 영향을 판단함

◆ 쉬어가기 ◆

III

토의

01 묻고 답하기

 활동 목표

토의에 익숙해지기, 질문 만들기 연습

 진행 방법

방식 1　묻고 답하기

1. 교사는 학습을 돕는 주요 개념 또는 어휘를 준비한다.
2. 학생들에게 주제에 대한 짧은 질문을 하나씩 만들게 한다.
   - 수업 시작할 때 학습할 주요 개념에 대해 질문을 만든다.
     아이스 브레이킹으로 수업 분위기를 조성하기에 적합하다.
   - 수업 마무리로 활용할 때에는 그날 학습한 내용 중 중요한 것에 대해
     질문을 만들게 한다. 수업 내용을 복습하는 방식으로 적합하다.
3. 2인 1조의 경우 서로의 질문을 읽고 답한다.
   4인 1조, 5인 1조의 경우 질문지를 모아놓고 무작위로 뽑아 답한다.
   만약 답하지 못할 경우에는 서로 바꾸어 말한다.

4. 묻고 답할 때 주제에 따라 왜 그렇게 생각하는지를 말함으로써 토의를
   이어갈 수 있다.

방식 2   하얀 거짓말

1. 학습 내용에 관한 4~5개의 문장을 작성한다. 이 중 한 문장은 거짓, 즉 오답 문장을 만든다.
2. 자신이 만든 문장을 모두 말하고, 어느 문장이 거짓인지 듣는 사람이 찾는다.
3. 하나씩 내용을 확인하여 점검하고, 거짓 진술을 참으로 바꾸어 말한다.
4. 거짓도 마치 진실처럼 설명하되, 내용을 더 오래 기억하기 위한 교육적 활동임을 설명한다.
5. 틀린 문장이 매력적인 오답이 되게 하여 선택형 문장을 만드는 연습을 할 수 있다.
6. 자신을 소개하는 방식으로 활용할 수 있다. 자신을 표현하는 문장 중 거짓 문장을 섞어 말한 후 듣는 사람이 찾는다.

* 참고 **Ask and Switch**, https://noisyclassroom.com

02 ▶ 아이스 브레이킹 토의

활동 목표   토의에 익숙해지기, 자유로운 의견 교환 연습

진행 방법

1. 모둠을 4인 1조로 구성한다.
2. 모둠 내 각자의 역할을 정한다. 토의는 자유로운 형식인 만큼 각자 역할을 부여해 적극적 참여를 유도하는 것이 효과적이다. (**참고 자료** 참고)

저학년의 경우 : 이끄미, 차례 지킴이, 기록이, 나섬이, 도우미
그 외 경우   : facilitator, time keeper, 기록자, 발표자, parking lot 관리자

3. 현장에서 진행이 가능한 아이스 브레이킹 자료를 준비한다.
   (**활동 자료** 참고)
4. 학생들에게 토의 완료 시간을 알려준다. 모둠 내 기록자에게는 화이트 보드, 블랙 보드 등을 주고 토의 내용을 보드에 정리해 쓰거나 그림으

로 그리게 한다.

5. 토의 시간이 완료되면 작성한 보드를 교실 앞에 가져다 놓게 하고 발표자들이 나와 발표한다.

【 활동 자료 I 】 정글에서 살아남기

1) 비행기를 타고 여행 가는 도중 문제가 생겨 정글에 불시착한 상황을 가정한다.

2) 전체 학생들에게 생존에 꼭 필요한 물품을 질문하고 10개의 물품을 칠판에 적는다.

3) 학생들은 4인 또는 5인 1조로 모둠을 구성한다.

4) 모둠 별 토의를 통해 10개의 생존 물품 중 3개를 선택하도록 한다.

5) 모둠별로 한 편의 창의적인 스토리를 작성한다. 스토리 구성 조건은 다음과 같다.

· 자신의 모둠에서 정한 생존 물품 3개를 활용해야 한다.

· 자신의 모둠원 모두가 생존해야 한다. 누군가를 죽이거나 죽으면 안 된다.

6) 학생들에게 <캐스트 어웨이>, <마션>, <인터스텔라> 등의 영화, 『어린 왕자』, 『알라딘의 마술 램프』 등의 이야기 자료를 활용하도록 하여 창의적인 스토리를 만들 수 있도록 지도한다.

7) 모둠별로 발표하고, 가장 재밌는 이야기를 만든 팀을 우승 팀으로 선정한다.

【 활동 자료 2 】 가치관 경매

1) 교사는 학생들에게 다음과 같은 가치관 경매 목록을 제시한다.

가치관 목록 예시 - 내가 꼭 갖고 싶은 것

서울대 입학증, 10억, BTS 춤 실력, 손흥민 운동신경, 연예인 외모,
대한민국 중산층 일상, 정의롭고 차별 없는 세상, 좋은 사람이라는 주변의 평가,
친구와의 진실된 우정, 가족의 진실된 사랑

2) 교사는 학생들의 의견을 반영해 이 중 다섯 가지를 선정한다.

예시) 우정, 사랑, 외모, 입학증, 운동신경

3) 학생들은 4인 또는 5인 1조로 모둠을 구성한다.

4) 교사는 각 모둠별로 100만 원을 사용할 수 있음을 공지한다.

5) 학생들은 모둠별 토의를 통해 경매에 참여할 경매 목록 순위와 입찰
금액을 정한다.

다섯 가지 중 몇 개만을 선택할 수도 있고, 다섯 가지 모두를 선택할
수도 있다.

예시) 모둠 1 : 우정 60만 원 / 사랑 40만 원

모둠 2 : 우정 20만 원 / 사랑 20만 원 / 외모 20만 원 /

입학증 20만 원 / 운동신경 20만 원

6) 가치관별로 경매를 시작한다. 높은 가격을 부른 모둠에게 우선 발언권
이 있다.

예를 들어 '우정'에 대해 경매를 시작한다면 모둠 1이 모둠 2보다 우선 발언
권이 있다.

7) 발표는 자신의 모둠이 그 가치관을 낙찰받아야 하는 이유를 설득하는 스피치로 진행한다.

8) 입찰 모둠의 발표가 모두 끝나고 나면 청중 전체가 낙찰 모둠을 정한다. 낙찰은 입찰 금액과 관계없이 설득 스피치를 가장 잘한 모둠에게 낙찰한다. 최고가를 부른 모둠에 가치관을 넘기는 일반적인 경매 게임과는 다름에 유의한다.

9) 첫 번째 가치관(우정)에 대한 낙찰이 끝나면 두 번째 가치관(사랑)에 대한 경매를 동일한 방식으로 진행한다.

10) 다섯 가지 가치관에 대해 모두 경매를 진행한 후, 낙찰을 가장 많이 받은 모둠에게 간단한 시상을 한다.

 토의 역할 정하기

역할	역할 설명
이끄미 facilitation	사회자 역할, 과거 사회자는 주로 연장자나 직급이 높은 사람이 맡음으로 해서 토의가 경직되기 쉬웠다. 'facilitate'는 '촉진하다'라는 의미를 지닌 단어이다. 토의의 사회자를 다른 사람의 말을 가장 잘 이끌어내는 사람 또는 가장 막내에 해당하는 사람에게 부여해 토의 분위기를 부드럽게 할 수 있다.
차례 지킴이 time keeper	토의는 자유로운 만큼 주어진 시간 내 끝내지 못하기 쉽다. 따라서 시간 관리자를 두는 것이 효과적이다. 시간 관리자는 전체 토의 시간만을 관리하는 것이 아니라 토의에서 처리해야 할 안건별로 시간을 설정해 각 안건별 토의 시간을 관리하도록 한다.
기록이 **기록자**	토의에서 진행되는 내용을 기록하는 역할이다.

나섬이 **발표자**	토의 후 각 모둠의 토의 내용을 발표하는 역할이다. 토의 참여자들에게 각각의 역할을 부여하지 않고 발표자만 정하는 경우에는 토의 맨 마지막에 교사가 임의의 방식으로 발표자를 선정해 주는 것이 좋다. 임의 방식이란 예를 들어 '핸드폰 번호 합이 가장 큰 사람' 등, 발표자를 미리 정해 놓으면 발표자 외의 학생들은 토의 참여가 떨어지는 경향이 있다.
도우미 parking lot 관리자 또는 issue bin 관리자	'주차장 관리자' 또는 '이슈 쓰레기통 관리자'는 토의에서 유용한 개념이다. 토의는 주제와 다른 내용으로 전개될 가능성이 크다. '주차장 관리자'는 그날 주제와는 다르지만, 토의에서 나온 유용한 사항 등을 정리해 두는 사람이다. '주차장 관리자'를 지정해서 본래 주제로 빨리 돌아올 수 있고, 새로운 아이디어를 기억할 수 있다. '주차장 관리자'는 토의 마지막에 다음 토의에서 이야기할 사항을 정리해 요약해준다.

03 ▶ 원탁 토의

활동 목표

토의에 익숙해지기,

시사적 문제를 읽고 분석하는 사고력 연습

진행 방법

1. 간단한 읽기 자료와 그와 관련된 질문지를 학생들에게 배부한다. 읽기
   자료로는 카드 뉴스 또는 적절한 신문 기사를 찾아 활용한다. (**활동 자료**
   참고)

   · **카드 뉴스란?**

   주요 이슈를 이미지와 간략한 텍스트로 정리한 뉴스이다. 12장 내외의 사진 또는 이미지에 짧은 글
   을 얹어놓은 형태로, 사진을 1장씩 넘겨가며 보는 모바일 맞춤용 뉴스라 할 수 있다. SNS에서 쉽게
   넘겨볼 수 있어 언론사들이 경쟁적으로 카드 뉴스를 제작하고 있다.

   (김환표, 『트렌드 지식 사전 4』, 인물과 사상사, 2015.)

2. 학생들은 4인 또는 5인 1조로 모둠을 구성하고 각기 주어진 읽기 자료를 읽는다.
3. 읽기가 끝나면 모둠별로 질문지에 대한 토의를 진행한다.
4. 커다란 종이나 화이트보드에 자기 모둠의 의견을 간단히 적는다.
5. 모둠별 토의가 끝나면 각 모둠에서 한 명씩 나와 모둠에서 작성한 종이나 보드를 교실 앞에 붙이고 의견을 발표한다.
6. 모둠별 발표가 끝나면 학생들이 스티커를 붙이는 방식으로 가장 우수한 모둠을 선정한다.
7. 토의 후 각 모둠원에 대해 상호 평가표를 작성하고 본인에게 피드백 해준다. (**평가지** 참고)

진행 Tip

1. 원탁 토의는 토의라는 성격으로 인해 의견이 한 방향으로 모이지 않고 자칫 구심점을 잃을 수도 있다. 그러므로 토의의 마지막 질문은 모둠원들이 의견을 통합할 수 있는 질문을 제시해 주는 것이 효과적이다. 예를 들어 주제어에 대한 정의를 내리거나, 또는 문제에 대한 구체적 해결책을 제시해 보도록 하는 것이다.
2. 토의 후에는 다른 모둠의 활동을 공유하는 것이 필요하다. 모든 모둠이 토의 활동 전반을 모두 발표하는 것은 어려우므로 질문 사항 중 한 가지만 발표하도록 한다. 이를 통해 각 모둠의 차이를 구별한다.
3. 학생들의 토의 능력 향상을 위해서는 평가를 하고 피드백 해주는 것이 필요하다. 참여자들은 상호 평가표를 작성하여 서로의 장단점을 적어주고 그 내용을 본인에게 전달해 점검하도록 한다.

● 읽기 자료 - 카드 뉴스

'식목일, 여전히 4월이어야만 하니?', 연합뉴스, 2017. 04. 03.

'자연재해 공포에 과학자가 할 일은?', 헬로디디, 2015. 04. 12.

　　　(더 많은 읽기 자료는 **부록-카드 뉴스를 활용한 토의 주제 목록** 참고)

● 읽기 자료 - 일반 기사

◆ 주제 : 영화 속에서 읽을 수 있는 법과 자유

범죄 영화는 법에 관한 영화이기도 하다. 하지만 범죄 영화들은 문제를 좀처럼 법대로 풀진 않는다. 오히려 법의 상식을 의심하고 풍자한다. 다음 두 영화를 통해 법과 자유의 개념에 대해 생각해 보자.

* ⟨친절한 금자씨⟩는 주인공의 복수와 구원에 관한 영화이다. 금자는 자신의 딸을 볼모로 잡은 유괴범 대신 죄를 뒤집어쓰고 수형 기간 내내 복수를 꿈꿔왔다. 교도소를 나서며 자신이 정한 수형생활을 하는 주인공은 복수를 끝낸 뒤 자신에게 내린 형벌도 스스로 거둔다. 영화에서 '죄와 벌'은 이처럼 법이 아닌 주인공 스스로 정한다. 법은 주인공이 자백했다는 이유로 저지르지 않은 죄를 형벌로 내리는 오판을 할 뿐이다. 영화 곳곳에서 법과 공권력을 웃음거리로 만든다.

≪동아일보≫ 2005. 8. 29. 기사 재구성

* 유전무죄 무전유죄 ⟨홀리데이⟩는 1988년 '지강헌 탈주 사건'을 그린 영화이다. 8박 9일 동안의 숨 막히는 탈주극 외에도 지금도 달라지지 않은 우리 사회의 모순을 대변하고자 기획되었다. 당시 불합리한 국내 교도행정과 보호감호 제도의 문제점, 전직 대통령의 친인척 비리 등이 영화 속에 담겨 있다. 단지 돈이 없다는 이유로 사람 취급받지 못하는 세상, 돈 있으면 검사도 판사도 살 수 있는 세상, 죄를 지어도 돈 있으면 무죄, 돈 없으면 유죄인 '유전무죄, 무전유죄'를 외치며 불합리한 세상에 자신의 목소리를 높인 영화다.

≪코리아 필름≫ 2006. 1. 6. 기사 재구성

◆ 의견 나누기

1) 세상에 나 홀로 남는다면 아파트에서 한밤중에 소리 내어 뛰어다녀도 될까? 또 교통 신호등이 빨간 불일 때 건너도 되나?
2) 스포츠에서는 모두 경기 규칙을 지켜야 한다. 규칙을 잘 지킨 선수가 반칙을 범한 선수에게 졌다면 어떻게 해석해야 하나?
3) 내가 마약을 복용하는데 왜 법으로 제재할까?
4) '네 이웃을 사랑하라. 그렇지 않으면 징역에 처한다.'는 법을 만들어 도덕을 강제하기는 어렵다. 그러나 '의사는 위급한 환자에게 응급조치를 취할 의무가 있으며, 거부하는 자는 징역에 처한다.' 는 법은 제정이 가능하며 또 필요하다. 법과 도덕의 차이점을 정리하면?
   [독일의 법학자 옐리네크(1851~1911)는 '법은 도덕의 최소한'이라고 했다. 도덕의 목적은 선이며, 그 기반은 양심과 자율성이다. 또 동기와 의무를 강조한다.]
5) 법에 복종하지 않는 행동도 이성적인 행동일 수 있을까?
6) 법에도 융통성이 필요할 때가 있다. 상황을 설정하고 어떻게 조화시키면 좋을지 토의한다.
7) 대통령직을 수행하려면 거짓말을 해야 할 필요가 있는가? 권력 남용은 불가피한 것인가?
8) 법, 자유, 관용의 낱말 뜻을 정의 내리시오.

토의 상호 평가표

모둠원	평가 항목				합계(20)
	사전 준비(5)	내용(5)	발표 전달(5)	태도(5)	
	자료 수집 적합성	구체성 분석력	논리 일관성 흥미성	듣는 태도 상호작용	

04 질문 만들기 토의

활동 목표

비판적 사고를 통해 좋은 질문을 만드는 연습

진행 방법

1. 현장에서 짧은 시간에 읽을 수 있는 글이나 유튜브 영상을 준비한다.

질문 만들기 토의에 활용 가능한 이야기 목록	• 모파상 단편선 • 알퐁스 도데 『스갱 아저씨의 염소』 • 김동식 『회색 인간』 • 베르나르 베르베르 『나무』 • 전래동화 또는 http://www.kebikids.com 활용

2. 학생들 각자 글이나 영상에서 끌어낼 수 있는 질문을 2~3개 적도록 한다.
3. 4~5명으로 모둠을 구성한다.

4. 학생들은 자신이 만든 질문을 서로 비교하여 모둠의 대표 질문 2개를 선정한다.

5. 모둠별 활동이 끝나면 각 모둠의 대표들이 나와 칠판에 모둠의 대표 질문을 적는다.

6. 칠판에 적힌 대표 질문들을 비교하여 학급 전체 대표 질문 2개를 선정한다.

7. 2개의 대표 질문에 대해 각각의 모둠별로 토의한다.

8. 모둠별 토의가 끝나면 각 모둠의 발표자들이 토의 결과를 발표한다.

05 공청회 방식의 역할 토의

공공문제에 대한 이해도 높이기, 설득적 말하기 연습,
문제 해결 능력 향상 연습

1. 다수의 이해관계가 얽힌 주제를 선정하고 토의 참여자의 역할을 정리
   한다.

◆ **주제 및 토의 참여자 예시**

· **주 제**　　: 학교 커리큘럼 결정권은 누구에게 있는가?
　토의 참여자: 학생 / 학부모 / 교사 / 교장 / 교육부 행정관

· **주 제**　　: 댐을 건설해야 하는가?
　토의 참여자: 농부 / 에너지 회사 대표 / 정부 / 환경단체

· **주 제**   : 아마존 원시림을 보존해야 하는가?
  토의 참여자 : 개발을 원하는 지역주민 / 환경단체 / 자원 개발을 통해 국가 경제를
  살리려는 정부 / 기후 환경을 염려하는 국제기구

· **주 제**   : 카풀 허용
  토의 참여자 : 택시 운전자 / 모바일 앱 대표 / 택시 승객 / 일반인

· **주 제**   : 양심적 병역거부자 교도소 대체 복무
  토의 참여자 : 양심적 병역거부자 / 인권단체 / 국방부 / 일반인

2. 역할 수만큼 모둠을 구성한다. 역할이 5개라면 다섯 모둠으로 한다.

3. 각 모둠에 역할을 하나씩 부여한다.

4. 모둠이 맡은 역할의 입장에서 주제를 어떻게 접근할 것인지 모둠별로 토의한다.

5. 모둠별 대변인을 선정한다.

6. 각 모둠의 대변인들은 교실 앞에 나와 공청회 방식으로 전체 토의를 진행한다.

   각 모둠의 대변인들은 자신이 맡은 역할의 입장을 발표하고 질의응답 시간을 갖는다.

7. 대변인 사이의 질의응답, 청중과의 질의응답을 진행한다.

8. 청중이 직접 반론을 제기하거나 구체적인 질문을 할 수 있게 하는 등 청중의 역할 및 기여 도를 높여 학급 전체의 적극적인 참여를 유도한다.

9. 각 대변인들은 각자의 역할에 어울리는 적절한 말과 행동을 구사한다.

10. 가장 설득력 있는 주장을 한 모둠을 청중들의 투표로 결정한다.

* 참고 **Public Meetings**, https://noisyclassroom.com

06 ▶ 의견을 하나로 모아가는 토의

활동 목표

의견을 하나로 합치는 방식에 대한 연습,
의사결정 과정에 적극적으로 참여하는 연습

진행 방법

◆ 이 방식은 피라미드 토의 또는 Bees 토의로 알려져 있는 방식이다.
　의견을 하나로 모아간다는 의미에서 피라미드 토의라 불리고,
　꿀벌들이 벌집에 하나로 모여든다는 의미에서 Bees 토의라 불린다.

1. 교사는 학급 전체의 합의가 필요한 주제를 준비한다.
2. 학생들에게 각자 주제에 대한 자신의 의견을 적도록 한다.
3. 두 사람이 짝을 이루어 각자 적은 의견을 토의해 하나로 합친다. 합치
　는 방식은 두 가지 방식이 가능하다.
　•물리적 방식 : 각자 의견을 적은 종이 2장 중 한 장을 버리는 방식

· 화학적 방식 : 각자 적은 두 의견을 하나로 합칠 수 있다면 새로운 종이 한 장에 다시 적는 방식이다.
4. 두 사람의 의견이 합쳐졌으면, 의견을 합친 다른 두 명과 만난다. 사람은 4명, 의견 종이는 2장이 된다.
5. 4명이 다시 의견을 하나로 합친다.
6. 이러한 방식으로 8명, 16명 방식으로 합쳐나간다.
7. 최종적으로 학급에서 의견 종이가 한 장만 남도록 하는 방식이다.

1. 두 의견을 하나로 합치는 것에 어려움이 있을 때는 심판을 둘 수 있다.
2. 두 가지 주제를 동시에 진행하는 것도 가능하다. 각 학생이 주제별 의견을 하나씩 써서 두 개의 주제를 하나의 의견으로 합쳐 나갈 수 있다.
3. 학급 인원이 많을 경우 전체를 합치는 것은 무리가 있다. 2명이 시작해 4명 또는 8명까지만 합치고 모둠별로 발표를 하는 것이 효과적이다.

ABCD

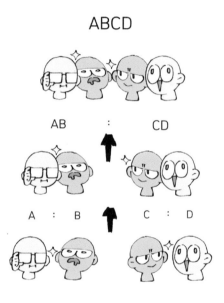

07	동서남북 토의

 전체 구성원이 참여할 수 있는 토의,
자유로운 의견 교환 후 설득적 말하기 연습

1. 4가지 선택이 가능한 주제를 준비한다.

◆ 주제 예시

- 한국의 가장 대표적인 계절은? 　　　　　　　　　　 – 봄 / 여름 / 가을 / 겨울
- 마블(Marvel Comics) 히어로 중 가장 천재는? 　　 – 아이언맨 / 스파이더맨 / 토르 / 헐크
- 국보 1호를 재지정한다면(유형, 무형 문화재 포함)? – 숭례문 / 훈민정음 / 흥인지문 / 팔만대장경
- 첫 데이트 장소로 가장 좋은 곳? 　　　　　　　　　 – 놀이동산 / 영화관 / 홍대 클럽 / 익선동 산책
- 외국인에게 추천하기 가장 좋은 한국 음식? 　　　 – 불고기 / 떡볶이 / 비빔밥 / 닭갈비
- 우리 학급 현장 체험 장소로 가장 적당한 곳? 　　 – 박물관 / 미술관 / 식물원 / 고궁
- 우리나라 역사상 최고의 위인은? 　　　　　　　　 – 이순신 / 세종대왕 / 단군 / 신사임당
- 카카오 프렌즈 중 최애 캐릭터는? 　　　　　　　　 – 라이언 / 무지 / 어피치 / 네오

2. 주제를 정한다. 각 주제별 4가지 선택사항을 설명한 후 하나를 선택하
   도록 한다. 선택이 어려운 경우 중립 입장도 가능하다.

3. 교실의 앞뒤 양옆(동서남북)을 4구역으로 나눈다. 각 구역에 4가지 선택사항 중 하나씩을 지정해 준다.

4. 학생들은 자신이 선택한 곳으로 움직인다. 만약 학생들이 한 곳으로만 몰릴 경우, 교사가 임의로 재배치할 수 있다.

5. 선택이 어려운 학생들은 교실 중앙부에 남는다.

6. 같은 선택을 한 학생들끼리 모여 자신들의 선택이 왜 더 옳은지 설명할 수 있도록 토의한다.

7. 토의가 끝난 후, 각 구역별로 한 명씩 자신의 선택이 선정되어야 하는 이유를 발표한다.

8. 발표가 끝나면 중앙에 모여 있던 학생들이 다시 4가지 중 하나를 선택하고 이동한다.

9. 선택을 가장 많이 받은 모둠에게 간단한 시상을 한다.

* 참고 **Four Corners**, https://noisyclassroom.com

08 도넛 토의

활동 목표

전체 구성원이 참여할 수 있는 토의,
자유로운 의견 교환 후 설득적 말하기로 이어지는
방식을 연습

진행 방법

◆ 도넛 토의는 전체 학급이 도넛 모양으로 두 개의 원을 구성하고 토의를 진행하는 방식이다. 기존에
알려져 있는 Fish Bowl, Samoan Circle, Socratic Seminars 등은 약간의 차이는 있지만 두 개
의 원을 구성해 전체 토의를 진행한다는 점에서 같다고 할 수 있다.

방식 1   Fish Bowl

1. 전체 학생이 원을 그려 앉는다.
2. 원 가운데 5개의 의자를 놓는다.
3. 대표로 토의를 할 4명의 학생이 의자에 나와 앉고, 의자 하나는 비워

놓는다.

4. 토의를 진행하는 중간에 바깥에 앉아 있는 학생 중 발언권을 얻고 싶은 학생은 가운데 빈 의자에 나와 앉는다.

5. 새로운 학생이 들어오면 기존의 4명의 학생 중 한 명은 바깥 원으로 퇴장한다.

> · Fish Bowl은 어항이라는 뜻으로 바깥쪽 원의 학생들이 안쪽 학생들을 어항을 들여다보듯이 보면서 진행한다고 하여 붙여진 이름이다.

방식 2 Samoan Circle

1. 전체 학생이 원을 그려 앉는다.

2. 원 가운데 4개의 의자를 놓는다.

3. 대표로 토의를 할 4명의 학생이 나와 앉는다.

4. 토의를 진행하는 중간에 바깥에 앉아 있는 학생 중 발언권을 얻고 싶은 학생은 안에 앉은 학생 중 한 명의 등 뒤에 가서 선다.

5. 등 뒤에 새로운 학생이 오면 앉아 있는 학생은 퇴장하고 새로운 학생이 앉아 토의를 이어나간다.

> · 사모아 서클은 과거 사모아 부족 회의 방식을 따른 것이라 한다.

방식 3 Socratic Seminars

1. 교사는 다양한 질문을 만들 수 있는 텍스트를 준비한다.

2. 학생들은 개별적으로 텍스트를 읽고 질문을 만들어 본다.

3. 소그룹 모둠별 토의를 통해 모둠의 대표 질문을 선정한다.

4. 각 모둠의 대표를 한 명 선정한다.

5. 전체 학생들이 큰 원으로 앉는다. 같은 모둠의 학생들은 같은 쪽에 모

여 앉고 그 모둠의 대표는 자신 모둠의 앞쪽에 작은 원을 구성하여 앉는다.

6. 안쪽의 대표끼리 토의를 진행한다.
7. 바깥쪽의 학생들은 안쪽의 대표에게 쪽지로 도움을 줄 수 있다.
8. 토의 진행 중 모둠 대표를 교체하고 싶으면 바깥쪽 학생 중 희망자가 자신의 모둠 대표 어깨를 두드려 자리를 바꾼다.
9. 토의 진행 5분 후 브레이크 타임을 갖고, 브레이크 타임 동안 대표는 바깥쪽의 자신의 모둠 구성원들과 전략을 세운다.

· 소크라틱 세미나는 제목에서처럼 소크라테스의 문답법에서 착안한 방식으로 질문을 만들고 질문에 대해 토의하는 과정에 중점을 두고 있다.

* 참고 **어항, 사모아**, 정문성, 『토의·토론 수업방법 84』, 교육과학사, 2017.

09 월드 카페형 토의

활동 목표

다양한 의견을 공유하고 문제 해결 방안을 모색하는 연습

진행 방법

◆ 월드 카페형 토의는 학생들이 하나의 모둠에서만 활동하지 않고 학급의 여러 모둠을 돌아다니며 활동하는 방식이다. 각 모둠에는 호스트를 배치하고 호스트를 제외한 모든 학생들은 여러 모둠을 자유롭게 방문한다.

방식 1 모둠 투어 토의

1. 학생들이 쉽게 토의할 수 있는 주제를 선정한다. (**부록** 참고)

2. 모둠을 구성한다. 20명 학급이면 5명씩 4모둠을 구성한다.

3. 모둠별 각기 다른 4가지 주제를 배정한다.

4. 한 모둠 5명의 학생 중 호스트를 한 명 정하고 자신의 모둠에 주어진

주제에 대해 10분간 토의한다.

5. 10분이 지나면 호스트만을 남기고 다른 학생들은 흩어져 다른 모둠을 방문한다.

6. 새로 구성된 모둠도 5명으로 구성되도록 한다. 새로운 구성원들과 다시 10분간 토의한다.

7. 같은 방식으로 각 모둠 호스트만 남고 학생들이 4모둠을 한 번씩 모두 방문할 수 있도록 반복한다.

8. 활동이 모두 끝나고 나면 호스트들은 구성원이 달라졌을 때 토의 내용이 어떻게 달라졌는지에 대해 발표한다.

* 참고 **Chat Stations**, https://noisyclassroom.com

방식 2   스파이 토의

1. 모둠을 구성한다. 20명 학급이면 5명씩 4모둠을 구성한다.

2. 각 모둠에 동일한 주제를 배정한다.

3. 한 모둠 5명의 학생 중 호스트를 한 명 정하고 자신의 모둠에서 주제에 대해 10분간 토의한다. 개인별 활동지를 작성하며 토의 내용을 기록한다. (활동지 참고)

4. 10분이 지나면 호스트만을 남기고 다른 학생들은 흩어져 다른 모둠을 방문한다.

5. 각 모둠의 호스트는 새로 구성된 모둠원들에게 자신의 모둠에서 토의한 사항을 알려준다. 구성원들은 이에 대해 질문할 수 있다. 5분간 활동한다.

6. 같은 방식으로 학생들이 4모둠을 한 번씩 모두 방문할 수 있도록 반복한다.

7. 모둠 방문이 끝나고 나면 학생들은 자신이 첫 번째 속했던 모둠으로 돌아간다.

8. 학생들이 다른 모둠에서 수집한 정보들을 바탕으로 각 모둠의 최종 결과물을 작성한다.

9. 활동이 끝나면 각 모둠의 호스트들은 모둠의 결과물을 발표하고, 다른 모둠의 결과물과 비교해 본다.

10. 경쟁 스피치 주제로 스파이 토의를 진행할 수 있다. 스피치 구성에서 가장 중요한 것은 목차를 어떻게 구성하는가이다. 모둠별로 동일 주제에 대한 목차를 구성하게 한 후 스파이 토의를 통해 다른 모둠의 목차를 비교해 보고 최종적으로 가장 경쟁력 있다고 생각하는 목차를 구성해 발표한다. 이를 통해 가장 차별화되면서도 경쟁력 있는 목차 구성 방식에 대한 학습이 가능하다.

* 참고 **둘 가고 둘 남기**, 정문성, 『토의 · 토론 수업방법 84』, 교육과학사, 2017.

활동지

스파이 토의 활동지

◆ **주제 예시 : 우리 학급에 꼭 필요한 규칙은?**

우리 모둠 구성원의 의견을 모으고 문제점과 대안을 살펴본 후, 다른 모둠의 정보를 정리하세요.

모둠	의견		문제점	대안(해결방안)
우리 모둠	1.			
	2.			
	3.			
( )모둠	1.			
	2.			
	3.			
( )모둠	1.			
	2.			
	3.			
( )모둠	1.			
	2.			
	3.			
우리 모둠 최종안	1.			
	2.			
	3.			

◆ 쉬어가기 ◆

효과적인 모둠 편성에 대해 이야기 해볼게요.

이질적인 구성원들로 소집단을 구성해야 합니다. 친한 학생들이 모여 있으면 공적 말하기가 이루어지기 어렵거든요.

최대한 이동을 줄이고 신속하게 조별로 모일 수 있도록 합니다.

조별 편차가 적게 편성해야 합니다. 한 조는 '드림 팀', 다른 조는 '죽음의 조'가 되면 토의활동에 흥미를 잃게 되지요. 학생들이 공정하다고 느끼도록 구성해야겠죠?

막강팀

죽음의 조

* 참고 박현희, 『토론 수업』, 즐거운 학교, 2011.

IV
토론

01 ▶ 모두 참여 토론

전체 구성원이 참여할 수 있는 토론,
발언에 대한 강압성이 없는 자유로운 참여를 통해 토론에
대한 두려움 극복,
양 팀 간 경쟁을 통해 토론에 대한 흥미와 참여도를 높임

1. 학생들이 쉽게 접근할 수 있는 즉흥 토론 논제를 학생들에게 제시한다.
   (즉흥 토론 논제는 **부록** 참고)
2. 학급 인원 전체를 찬성과 반대 두 팀으로 나눈다. 교탁을 중심으로 좌우로
   나누거나, 남녀, 홀짝 번호로 나눌 수 있다. 또는 제시한 논제에 대한 찬
   성 반대 의견에 따라 학생들이 좌우로 움직이게 하여 두 팀으로 나눈다.
3. 교사는 전체 학생들을 대상으로 토론을 진행한다. 발언을 원하는 학
   생들은 손을 들고 교사는 찬성 측과 반대 측에 번갈아 가며 발언권을
   부여한다.

1. 모두 참여 토론의 장점은 형식적 제한이나 발언에 대한 강압성이 없어 자유로운 참여가 가능하다. 토론을 처음 시작할 때 아이스 브레이킹 활동을 하기에 적합하다.
2. 모두 참여 토론의 단점은 준비가 없이 진행됨으로써 제한적일 수 있다.
3. 모두 참여 토론은 진행을 맡은 교사의 역할이 중요하다. 적극적인 학생이 발언을 독점하는 것을 방지하기 위해 발언 시간을 제한하는 것이 필요하다.
4. 교사는 다음 두 방식으로 진행할 수 있다.
   · 찬성 측의 입장을 들은 후 반론, 재반론으로 이어가는 완전한 자유 토론 방식
   · 찬성 측과 반대 측의 논거들을 먼저 말하게 하여 양측의 논거를 칠판에 적은 후, 논거를 하나씩 짚어가며 토론을 이어가는 방식
5. 칠판에 찬성과 반대를 나누어 발언한 학생들의 이름을 적어나가며 진행하면 산만함을 줄일 수 있다.

* 참고   **Whole class discussion**, https://noisyclassroom.com

Public Forum, Alfred Snider & Maxwell Schnurer, *Many sides, Debate across the curriculum*, International debate education association, 2002.

02 척도 스탠딩 토론

활동 목표 가치 판단 경험하기, 사고력과 발표력 향상 연습,
다양성을 인정하고 수용하는 태도 기르기

진행 방법

1. 토론 논제를 선정하고 토론 주제에 대해 브레인스토밍 한다.
2. 학생들에게 적절한 척도[**반대 - 중립 - 찬성**]를 선택하게 한다.
   척도는 논제 이해 정도와 학생 수에 따라 세분화하는 것이 가능하다.

> 5단계 : 전혀 아니다 – 아니다 – 중립 – 그렇다 – 매우 그렇다
> 7단계: 전혀 아니다 – 아니다 – 조금 아니다 – 중립 – 조금 그렇다 - 그렇다 – 매우 그렇다

3. 자신의 의견을 결정하고, 척도에 따라 움직이게 한다.
4. 척도의 양극단에 있는 학생(**매우 그렇다, 전혀 아니다**)들이 자신의 입장을
   지지할 수 있는 설득적 말하기를 한다.

5. 양극단 학생들의 설득 스피치가 끝난 후 중간 학생들 중 의견의 변화가 있는 학생들은 자리를 움직이게 한다. 척도를 한 칸만 움직이는 것(예를 들어 **중립**에서 **조금 아니다** 또는 **조금 그렇다로**)도 의미 있는 변화임을 이야기하고 많은 학생들이 움직일 수 있도록 한다.
6. 생각이 바뀌어 자리를 옮긴 학생들에게는 이유를 말하도록 한다.
7. 한 번 이동을 한 후 다시 양극단 학생 중 다른 학생들이 한 번씩 설득 스피치를 한다. 설득 스피치 후 다시 자리 이동을 하고, 같은 방식을 반복한다.
8. 많은 사람을 자기편으로 끌어들인 쪽이 이긴다.

학생 수가 많은 경우 전체 학생을 상대로 진행하기는 어렵다.
이런 경우 대표 학생 선발이나 포스트잇을 활용한 방법으로 진행이 가능하다.

1. 대표 학생 선발 방식
   논제에 대한 각 학생들의 의견을 확인한 후 각각의 가치 척도에 해당하는 학생을 한 명 또는 두 명씩 지원받아 교실 앞에 한 줄로 서게 한 후 진행할 수 있다.
2. 포스트잇 활용 방식
   칠판에 가치 수직선을 크게 그리고, 학생들은 포스트잇에 자신의 이름을 써서 해당 위치에 붙이도록 한다. 강한 찬성, 강한 반대 순서로 의견을 발표하고 토론 후에 생각이 바뀐 학생은 칠판에 나와 가치 수직선

위의 포스트잇을 옮겨 붙이며 이유를 설명한다.

3. 그 밖의 방법으로 부득이 많은 학생을 참여시켜야 할 경우에는 첫 줄 학생의 뒤에 나머지 학생들을 계속 서게 하여 진행할 수 있다.

* 참고 **Where do you stand?**, https://noisyclassroom.com.

03 ▶ 준비 없이 하는 바로 토론

토론에 대한 두려움 극복, 논리적, 창의적 말하기 연습, 논거를 구성하고 반론을 제기하는 연습

1. 정답이 없고 쉽고 재미있는 논제들을 준비한다. (논제 예시는 **부록 즉흥 토론 논제** 참고)
2. 토론에 참여할 두 명의 학생을 선정한 후 교실 앞에 나와 논제를 뽑도록 한다.
3. 두 명의 학생에게 각각 찬성 측과 반대 측을 선택하도록 하고 짧게 준비할 시간을 준다.
4. 두 명의 학생이 교실 앞에서 토론하도록 한다. 진행 방식은 다음과 같다.

방식 1	
찬성 입론	1분
반대 입론	1분
자유 토론	3분
반대 최종 반론	1분
찬성 최종 반론	1분
	총 7분

방식 2	
찬성 입론	1분
반대가 찬성에 질의응답	2분
반대 입론	1분
찬성이 반대에 질의응답	2분
청중 질의와 피드백	4분
	총 10분

5. 준비 없이 하는 바로 토론이므로 구조화된 스피치를 하기는 어렵지만 교사는 입론과 반론 시 필요한 부분에 대해 설명해 주고 이를 반영해 토론을 할 수 있도록 유도한다. (입론과 반론에서 필요한 사항은 IV. 토론 / 6. 긴 테이블 토론 참고)

6. 청중들은 [방식 2]의 경우 토론에 참여할 수 있다.

7. 청중들은 평가지를 작성해 토론자들을 피드백 한다. (**평가지** 참고)

평가지

논 제 :

찬 성				평가	반 대			
KO 승!!!	승점 획득!!	무승부!	후퇴~		KO 승!!!	승점 획득!!	무승부!	후퇴~
				입론 - 논거의 적절성				
				반론 - 구체적 근거 제시				
				태도				

* 참고

  SPAR (Spontaneous Argumentation) Alfred Snider & Maxwell Schnurer, *Many sides, Debate across the curriculum*, International debate education association, 2002, 62쪽.

  SpAr, The California High School Speech Association's Curriculum Committee, *Speaking across the curriculum*, IDEA Press, 2004, 32쪽.

04 주장-논거-논거 보강 (ARE) 구성 연습

활동 목표

주장 - 논거 - 논거 보강을 구성하는 연습,
논거와 논거 보강의 의미 파악, 논거와 논거구성을 찾고
구성하는 연습

진행 방법

1. 교사는 [주장 - 논거 - 논거 보강 (ARE)]에 대해 설명한다. (**참고 자료** 참고)
2. 교사가 토론 논제를 정한다.
3. 학생들은 주어진 논제의 찬성과 반대 논거를 각각 2개씩 찾아 포스트 잇에 적는다. (총 4장)
4. 학생들 4-5명을 한 모둠으로 구성한다.
5. 각 모둠에서 학생들은 자신들이 적은 논거를 모아놓고 가장 우수하다고 생각되는 찬성과 반대 논거를 2개씩 선정한다.
6. 모둠별로 선정된 논거를 지지할 수 있는 논거 보강을 찾는 토의 활동을 진행한다.
7. 모둠 활동이 끝나면 각 모둠의 발표자는 자신의 모둠에서 선정한 찬성, 반대의 논거를 논거 보강과 함께 발표한다.

주장 - 논거 - 논거 보강 (ARE)

주장 (Assertion) - 논거 (Reasoning) - 논거 보강 (Evidence)[1]

주장   - 논증하고자 하는 핵심 의견이다.
논거   - 자신의 주장이 옳다는 것을 정당화하는 것이다.
논거 보강 - 논거를 뒷받침하는 것이다.

• <예시> 주장 - 고양이는 좋은 반려동물이다.

논거 - 고양이는 자신이 믿는 대상에게 심리적 지지와 우정을
제공한다.

논거 보강 - 고양이와 10년간 같이 산 이모는 고양이가 최고의
친구라고 생각한다.

• 논거 보강에는 실험 결과, 통계자료, 사건, 여론조사, 법 조항 등 사실에
바탕으로 둔 것과 전문가 의견, 경험자 증언 등과 같은 의견에 바탕을
둔 것이 가능하다.

---

[1] Alfred Snider & Maxwell Schnurer, *Many sides, Debate across the curriculum*, International debate education association, 2002, 37쪽.

◆ 주장 - 논거 - 논거 보강 구성하기 연습문제[2)]

· 다음 표의 빈 칸을 채우시오

주장	논거	논거 보강
청소년 투표권을 하향하면 안 된다.	청소년들의 실질적 투표율이 크지 않을 것이다.	2001년 총선 투표율은 59.4%였는데 18~24세 투표율은 39%에 불과하였다.
	인공지능의 발전으로 로봇이 고령화 사회의 대안으로 기능할 수 있다.	일본에서 간호 로봇 로베어를 개발하여 간병과 말벗 등의 노인 돌봄 기능을 수행하고 있다.
학교에서 화장을 단속해야 한다.		여중생 중 80%에 가까운 학생이 화장을 하고 있다. 현재 청소년의 화장은 보편화된 현실이다.
냉동인간 연구는 중단되어야 한다.	세대 간의 혼란이 야기된다.	
맞춤형 아기는 허용되어야 한다.	유전자 편집기술로 인류의 유전적 불치병을 막을 수 있다.	DNA 구성을 변경하는 작업만으로도 아기들은 선천적으로 갖고 태어나는 유전병에서 해방될 수 있고 다른 세대로 유전되지 않는다.
TV는 나쁜 영향을 미친다.	TV는 폭력적인 장면을 너무 많이 보여준다.	
	정크푸드를 먹는 것은 건강에 좋지 않다.	정크푸드는 지방과 설탕이 많다. 너무 많은 지방과 설탕은 비만과 심장질환을 유발한다.
	투표권을 지닌 학생들은 정치 참여 의식이 높아진다.	
		교내 폭력 사고의 경우 학생들은 핸드폰으로 증거를 제출하고 있다.
학교에서는 생물 해부를 하지 말아야 한다.		

---

2) https://www.middleschooldebate.com/

05 반론의 2단계, 4단계 구성 연습

활동 목표

토론의 기본 단계인 주장 - 반론 - 근거를 단계별로
구성하는 연습

진행 방법

방식 1 반론의 2단계 〈 확인 - 반론 〉

1. 즉흥 토론이 가능한 논제들을 준비한다. (즉흥 토론 논제는 **부록** 참고)
2. [발표자] 학생 중 한 명이 교실 앞으로 나와서 논제 하나를 발표한다.
3. [반론자] 청중 중 발표자의 의견에 반대하는 학생이 손을 들면 발표
   자는 반론자를 지목한다. 반론자는 "**네, 그렇습니다. 하지만~**"의 형태로
   자신의 반대 의견을 말한다.
4. [재반론자] 반론자의 의견에 재반론을 원하는 학생이 손을 들고, 발
   표자가 지목하면 마찬가지로 "**네, 그렇습니다. 하지만~**"의 형태로 자신의
   반대 의견을 말한다.

〈 예시 〉

논제   : 도시에 사는 것보다 시골에서 사는 삶이 더 좋습니다.
반론자   : 네, 그렇습니다. 하지만 시골에서 살면 문화생활을 하기가
          매우 힘듭니다.
          미술관이나 영화관 등 문화생활을 위한 공간이 적습니다.
재반론자 : 네, 그렇습니다. 하지만 시골에서 살면 자연 친화적으로
          살 수 있습니다.
          공기도 좋고 직접 농사를 지어 먹거나 전원주택을 지어 살
          수 도 있습니다.

5. 이런 방식으로 더 이상의 재반론이 나오지 않을 때까지 계속한다.
6. 더 이상의 재반론이 나오지 않으면 발표자는 자기 자리로 돌아간다.
7. 다음 발표자가 교실 앞으로 나와 다른 논제를 발표하고 위의 활동을
   반복한다.

* 참고 **I couldn't disagree more**, https://noisyclassroom.com
  Yes But... Yes And, The California High School Speech Association's Curriculum Committee,
  Speaking across the curriculum, IDEA Press, 2004,

방식 2   반론의 4단계 < 확인 - 반론 - 근거와 증거 - 그러므로 >

1. 학생들에게 반론의 4단계 방식에 대해 설명한다. (**참고 자료** 참고)
2. 즉흥 토론이 가능한 논제들을 준비한다.
3. 논제 중 하나를 교사가 제시한다.
4. 학생들은 각자 종이에 반론의 4단계 방식에 맞추어 반론을 작성해 보
   도록 한다.
5. 몇몇 학생들에게 자신이 작성한 4단계 반론을 발표하게 하고 차이를
   비교해 본다.

* 참고 **Four Step Refutation**, The California High School Speech Association's Curriculum
  Committee, *Speaking across the curriculum*, IDEA Press, 2004,

반론의 4단계[3]

● 반론의 4단계 구성

상대의 주장에 반박할 때는 근거와 증거를 들어 논리적으로 반박해야 한다. 다음 단계를 밟는 것이 좋다.

상대 팀이 말하기를   -   하지만   -   왜냐하면   -   그러므로

(확인)   (나의 주장)   (근거와 증거)   (나의 논거가 우월)

· 1단계 (상대 팀이 말하기를)
  - 1단계에서는 상대편의 논거를 짚어준다. 자세히 이야기하면 시간이 길어지므로 상대편의 개념 중 강조할 부분만을 짚어 이야기한다.
· 2단계 (하지만, 나는 동의하지 않는다)
  - 반대 측인 나의 주장을 명확히 밝힌다.
· 3단계 (왜냐하면)
  - 나의 주장의 근거와 증거를 밝힌다.
· 4단계 (그러므로)
  - 상대편의 논거와 비교해 볼 때 나의 논거가 더 우월하다는 것을 제시한다.

---

3) The California High School Speech Association's Curriculum Committee, *Speaking across the curriculum*, IDEA Press, 2004, 18-19쪽.

● 반론의 4단계 구성의 예

상대의 주장 - 바나나는 귤보다 좋다.
　　　　　　왜냐하면 바나나에는 포타슘이 더 많이 들어 있기 때문이다.

1단계 - 상대편은 바나나가 귤보다 좋다고 주장한다.
2단계 - 하지만 나는 동의하지 않는다. 귤이 바나나보다 더 좋다.
3단계 - 왜냐하면 귤에는 비타민 C가 더 많이 들어 있기 때문이다. 그 증거
　　　　로…
4단계 - 포타슘은 다양한 음식을 통해 섭취할 수 있지만 비타민 C가 풍부히
　　　　들어 있는 음식은 많지 않다. 그러므로 귤이 바나나보다 좋은 음식
　　　　이다.

● 논거의 우월성 주장하기

　나의 논거가 상대적으로 더 우월하다는 것을 주장하기 위해서는 다음
과 같은 방법을 사용할 수 있다.

· 논리적으로 우월하다.	즉 상대 논거의 오류를 지적한다.
· 증거적으로 우월하다.	즉 나의 증거가 더 우월한 증거임을 밝힌다.
· 사실(경험, 실험)에 근거한 내용이다.	즉 가설적 추론이 아님을 밝힌다.
· 더 중요한 내용이다.	즉 질적으로 더 중요하거나 더 많은 사람에게 의미 있는 내용임을 밝힌다.
· 그 점을 고려할지라도…	즉 나의 주장은 상대방의 의견을 미리 고려한 것이다. 따라서 상대는 하나만 알지 둘은 모른다는 식으로 주장을 펼친다.

06 ▷ 긴 테이블 토론
- 토론 구성 단계별 연습

활동 목표

토론의 각 단계에 적절한 발언을 구성하는 연습,
빠른 토론 진행에 따른 순발력 향상 연습

진행 방법

1. 학생들에게 토론의 각 단계(입론, 상호 질문, 최종 반론)에서 필요한 사항에 대해 설명한다. (**참고 자료** 참고)
2. 학생들에게 즉흥 토론 논제를 제시한다. (**부록** 참고)
3. 학생들은 5명으로 모둠을 구성한다.
4. 교사는 찬성 모둠과 반대 모둠을 정해준다.
5. 각 모둠의 5명의 학생들은 다음과 같은 역할을 정한다.

[**토론자 1 (입론자)**, **토론자** 2, 3, 4 **(상호 질문자)**, **토론자 5 (최종 반론자)**]

6. 학생들은 모둠별 토의를 통해 입론의 논거를 준비하고 최종 반론을 준비한다.

7. 모둠별 준비가 끝나면 교사는 찬성 측 한 모둠과 반대 측 한 모둠을 선정해 긴 테이블에 마주 보고 앉게 한다.

8. 마주 보고 앉아 원 번호 순서대로 발언을 이어나간다.

   찬성 1과 **반대 1**은 준비된 입론을 발표한다.

   찬성 2, 3, 4와 **반대 2, 3, 4**는 상대측 입론에서 제기된 논거에 대해 반론하거나 자기 순서의 앞선 발언에 재반론 또는 보충 발언을 할 수 있다.

   찬성 5, 반대 5는 전체 토론을 요약하고 자기 측의 마지막 마무리 발언을 한다.

9. 한 세트의 경기가 끝나면 다른 찬성, 반대 모둠으로 동일하게 진행한다.

토론의 진행 단계별 발언 구성 전략

1. 입론

입론은 가장 먼저 자신들이 주장하는 바를 피력하는 부분이다. 입론은 각 측의 처음 발언이므로 명확하게 전달해야 한다. 입론 구성에서 필요한 부분들은 다음과 같다.

1) 논제 설명 : 찬성과 반대 의견이 부딪히는 갈등 상황이 무엇인지, 현 상황의 문제점이 무엇인지 설명한다.
2) 논제 용어 개념 정의 : 논제에 사용된 핵심 단어들의 개념을 정리하여 제시한다.
3) 논거 제시 : 찬성 또는 반대 입장을 지지하는 논거를 제시한다. 논거는 첫째, 둘째, 셋째로 나누어 제시하는 것이 효과적이다.
4) 요약 : 청중이 잘 기억할 수 있도록 자신의 논거를 반복해 준다.

- 입론 구성 예시

오늘 토론하는 '◇◇◇를 □□□ 해야 한다'라는 논제에 대해 저희는 찬성의 입장입니다.
'◇◇◇를 □□□ 해야 한다'는 현재 우리 사회에서 ~~~~라는 측면에서 문제가 되고 있습니다.
여기서 ◇◇◇ 란~~~라는 의미이고, □□□는~~~ 라고 정의 내릴 수 있습니다.
저희는 다음과 같은 세 가지 이유를 들어 찬성합니다.
  첫째, ~~~~
  둘째, ~~~~
  셋째, ~~~~
이상과 같이 저희는 (첫째), (둘째), (셋째)라는 이유로 찬성합니다. 감사합니다.

2-1. 반론[4)

자유토론 시간에 반론과 답변을 할 때 유의할 점은 다음과 같다.

1) 질문은 간결하고 이해하기 쉽게 해야 한다.
2) 상대팀이 입론에서 언급하지 않은 내용을 질문하지 않는다.
3) 상대 논점이 불명확한 부분에 대해 질문한다.
4) 상대의 주장이나 표현 중 모순된 내용이 있으면 그 부분을 질문해야 한다.
5) 논거의 타당성, 자료의 신빙성, 해석의 정확성 등에 대해 질문한다.
6) 상대가 자신의 쟁점 가운데 인정한 쟁점이 있으면 이를 확인한다.
7) 상대방 진술 내용의 단순한 요약이나 반복은 피한다.
8) 상대 팀원들 간에 불일치하는 의견이 있으면 이를 지적한다.
9) 상대 팀이 제시한 여러 논점 중 가장 효과적으로 반박할 수 있는 논점을 택하여 집중적으로 반박한다.
10) 상대 팀의 핵심 논점을 기반으로 하여 자신의 논점을 보완, 반박하는 질문을 한다.
11) 예의를 갖추어 질문한다. 상대가 무례할수록 정중한 예의를 갖추어 차별화하는 전략을 수행한다.
12) 상대편이 모호하게 대답할 수 있는 질문을 하지 않는다. 상대편이 실마리를 얻을 수 없다고 확신한 경우를 제외하고는 개방형 질문을 던지지 않는다. 단답형 대답을 유도하는 질문이 바람직하다. '…에 대해 어떻게 생각하느냐?'는 식의 개방형 질문은 상대방이 주어

---

4) 이두원, '토론자의 디베이트 능력과 수행평가 모델 연구', 『커뮤니케이션학 연구』, 16권 3호, 2008 / 이정옥, 『토론의 전략』, 문학과 지성사, 2008 참고

진 시간을 마음대로 사용할 수 있으므로 피하는 것이 좋다.

13) 반박 시간이 짧다고 하여 너무 빠르게 말을 해서는 안 된다. 빠르게 말하되, 발음이나 목소리가 정확히 전달될 수 있는 범위 내에서 속도를 조절한다.

14) 해결방안이나 대체방안을 제시한다.

15) 상대팀이 아닌 심사위원이나 청중을 주로 바라보며 질문한다.

16) 청중과 심사 위원에게 자신의 주장이 상대 팀의 주장보다 실현 가능성이 크다는 것을 설득한다.

2-2. 답변

1) 짧게 답변한다.

2) 가능한 이미 언급한 내용을 다시 인용한다. (예, "이미 입론에서~라고 말씀드렸습니다.")

3) 지금까지 취해온 입장에 근거하여 답변하되, 앞으로 추가 제시할 수 있는 대안이나 선택의 여지를 남겨 놓는다.

4) 자신의 대답을 정당화한다.

5) 논제와 관련이 있는 질문만 응답한다.

6) 심사 위원을 향해 설명하듯이 대답한다.

7) '만일~이라면' 식의 가정법적인 질문에는 대답하지 않는다. 상대가 대답을 강요할 경우, '~라는 가정하에서 답변한다면'이라고 전제한 후 답변한다.

8) '잘 모르겠습니다.'라고 답변하는 대신 '현재로선(지금은) 정확하게 말씀드리기가 어렵습니다.'라고 대답한다.

3. 최종반론

토론의 마지막 발언인 최종 반론의 가장 중요한 역할은 청중을 설득하는 것이다. 설득의 3요소에서 살펴보았듯이 설득은 이성적 접근만으로는 충분하지 않으며 감성적 접근을 같이하는 것이 필요하다. 따라서 최종 반론은 이 둘을 다 적용하는 것이 필요하다.

1) 이성적 접근

최종 반론의 앞부분은 앞선 토론을 요약한다. 우리 팀의 답변이 미처 이루어지지 못했던 부분을 보충하고, 우리 팀의 발언 중 효과적이었던 부분을 반복, 강조한다.

2) 감성적 접근

가장 마지막 발언은 감성적 접근을 하는 것이 효과적이다. 감정을 전달할 수 있는 표현을 전략적으로 사용하는 것이 필요하다. 감정을 전달하는 표현 전략으로는 '나의 이야기', '현장감', '구체성', '이미지화', '수사적 표현' 등이 있다.

- 발표자의 개인적 경험은 감정 전달에 용이하다.
- 현장성 있는 구체적 사례 등도 적합하다.
- 듣는 사람들이 머릿속에 이미지를 그릴 수 있는 이야기도 효과적이다. 때로는 가능하다면 이미지나 그림을 직접 제시할 수도 있다.
- 토론에서 가장 빈번하게 사용하는 전략 중 하나는 속담이나 격언 또는 대표적 키워드로 마무리하는 것이다. 이러한 표현은 청중의 기억에 오래 남는 효과가 있다.

07 ▶ 3:3 토론
- 토론 개요서 작성 연습

토론의 각 단계인 입론, 반론, 재반론,
최종 반론을 구성하여 토론 개요서를 작성하는 연습

기본

1. 교사는 찬반 토론 논제를 제시한다.
2. 학생 6명을 한 모둠으로 구성한다.
3. 6명의 학생을 찬성 3명, 반대 3명으로 나눈다.
4. 한 팀 3명의 역할을 정한다.

[토론자 1 (입론자) / 토론자 2 (반론자) / 토론자 3 (최종 반론자)]

5. 한 팀 3명이 모여 아래와 같은 활동지에 (A)~(E)를 함께 채워 나간다.
   (A) 우리 팀 주장의 근거가 될 논거를 3개 찾는다.

(B) 우리 팀의 각각의 논거에 대해 (A에 대해) 상대 팀이 어떻게 반론을 펼칠지를 예상하여 적는다.

(C) 상대 팀이 어떤 논거를 들어 주장을 할지 예상하여 상대 팀의 논거를 적는다.

(D) 상대 팀이 제시할 것이라는 예상되는 논거들에 대해 (C에 대해) 우리 팀은 어떻게 반론을 펼지 적는다.

(E) 우리 팀의 토론의 마무리 발언, 최종 반론을 어떻게 할지 적는다.

◆ 기본 활동지

논제 :			
		우리 팀	상대 팀 (예상)
		논거	논거
토론자1	입론	① ② ③ (A)	❶ ❷ ❸ (C)
토론자2	반론	상대 팀 입론에 대한 우리 팀 반론 ❶ ❷ ❸ (D)	우리 팀 입론에 대한 상대 팀 반론 ① ② ③ (B)
토론자3	최종 반론	(E)	

6. 활동지 작성이 끝나면 모둠의 상대 팀과 3:3 토론을 한다.
   각 토론자는 활동지의 해당 항목을 사용하여 토론한다.

7. 토론 후 모둠별 작성한 활동지를 비교, 분석하며 이야기 나눈다.

심화

진행 방식은 동일하다. 그러나 활동지 작성이 보다 세밀하다. 기본 활동지에 <논거 근거자료> 항목과 <반론에 대한 재반론> 항목이 추가된 형식으로 보다 세밀한 토론이 가능한 활동지이다.

(A) 우리 팀의 주장의 근거가 될 논거를 3개 찾는다.

(A*) 우리 팀 논거의 근거자료를 찾는다.

(B) 우리 팀의 논거(A에 대해)에 대해 상대 팀이 어떻게 반론을 펼칠지를 예상하여 적는다.

(C) 우리 팀 논거에 대한 상대 팀 예상 반론(B에 대해)에 대해 어떻게 재반론할지를 적는다.

(D) 상대 팀이 어떤 논거를 들어 주장을 할지 예상하여 상대 팀의 논거를 적는다.

(D*) 상대 팀의 예상 논거의 근거자료를 찾는다.

(E) 상대 팀이 제시할 것이라는 예상되는 논거(D에 대해)들에 대해 우리 팀은 어떻게 반론을 펼지 적는다.

(F) 상대 팀 예상 논거에 대한 우리 팀 반론(E에 대해)에 대해 상대 팀이 어떻게 재반론할지 예상하여 적는다.

(G) 우리 팀의 토론의 마무리 발언, 최종 반론을 어떻게 할지 적는다.

◆ 심화 활동지

논제 :					
		우리 팀		상대 팀 (예상)	
토론자1	입론	논거		논거	
		① ② ③	(A)	❶ ❷ ❸	(D)
		논거 보강		논거 보강	
		① ② ③	(A*)	❶ ❷ ❸	(D*)
토론자2	반론	상대 팀 입론에 대한 우리 팀 반론		우리 팀 입론에 대한 상대 팀 반론	
		❶ ❷ ❸	(E)	① ② ③	(B)
	재반론	상대 팀 반론에 대한 우리 팀 재반론		우리 팀 반론에 대한 상대 팀 재반론	
		① ② ③	(C)	❶ ❷ ❸	(F)
토론자3	최종 반론	(G)			

08 즉흥 시사 토론

시사 문제를 읽고 분석하는 사고력 연습,
토론자 및 사회자 역할 수행 연습,
토론 평가 연습을 통해 토론의 설득 요소 확인

1. 교사는 시사 토론에 적합한 신문 기사를 선정해 준비한다. (**활동 자료** 참고) 하나의 이슈에 대한 찬성 의견과 반대 의견이 동시에 실리는 기사 유형을 선정한다. 하나의 기사 안에 찬성, 반대 의견이 같이 담겨 있는 것이 아닌, 찬성 의견과 반대 의견이 독립적 기사로 실려있는 형식이 활동에 편리하다. 신문사별로 코너 이름은 다르나 '논쟁', '쟁론', '이슈 토론' 등의 이름으로 운영되는 경우가 많다.

2. 교사는 각 모둠에 배부할 활동 자료를 준비한다. 모둠별 활동 자료는 다음 자료 5장이 한 세트로 구성된다. (사회자 활동지는 **활동지** 참고)

[찬성 의견 기사 2장 + 반대 의견 기사 2장 + 사회자 활동지 1장]

3. 학생들을 3인 1조로 모둠을 구성하고 각각 찬성, 반대, 사회자 역할을
   정한다.
4. 교사는 위의 배부 자료를 각 모둠의 사회자에게 한 세트씩 배부한다.
5. 사회자는 배부 자료 중 찬성 기사 1장은 찬성 측 토론자에게, 반대 기
   사 1장은 반대 측 토론자에게 나누어준다. 그리고 찬성 기사 1장, 반대
   기사 1장, 사회자 활동지는 사회자 본인이 갖는다.
6. 교사는 학생들이 받은 기사를 읽을 시간을 준다. 찬성 측 토론자는 찬
   성 기사만을 읽고, 반대 측 토론자는 반대 기사만을 읽는다. 사회자는
   찬성, 반대 기사를 모두 읽는다.
7. 기사 읽기가 끝나면 모둠별 토론을 진행한다. 사회자에게 다음과 같이
   토론 진행하도록 안내한다.

[찬성 측 입론 – 반대 측 입론 – 자유 토론 – 찬성 측 최종 반론 – 반대 측 최종 반론]

8. 사회자는 사회자 활동지를 작성하며 토론을 진행한다.
9. 모둠별 활동이 끝나고 나면 각 모둠의 사회자들은 일어나 자신의 모둠
   에서 진행된 토론에 대해 총평한다. 자신의 모둠에서 진행되었던 토론
   의 논거를 요약하거나, 참신했던 논거를 발표한다. 또는 토론에서 설득
   력 있었던 부분을 발표하거나, 해당 모둠의 찬성, 반대 토론자의 토론
   승패를 내릴 수도 있다.

1. 토론 진행은 10분~15분 정도가 적절하다. 학생들이 다른 준비 없이 현장에서 읽은 기사만으로 토론을 진행하기 때문에 토론을 길게 이어 나가기는 어렵다.

2. 토론의 각 단계의 시간을 정해놓기보다는 교사가 모둠별 진행 상황을 보고 토론의 진행 단계를 안내해 주는 것이 효과적이다. 자유 토론이 진행되는 상황을 보고 모둠별로 더 이상 활발한 토론이 이루어지지 않는다고 보일 때, 교사가 교실 전체에 최종 반론으로 넘어가도록 공지하면 모둠별 토론을 비슷한 시간에 끝낼 수 있다.

3. 모둠별 활동 후 사회자의 총평은 토론 전체를 요약하면 지루할 수 있다. 사회자가 생각하는 토론 승패와 그 이유를 발표하는 것이 좋으나, 이 경우 토론자들이 상처를 받을 수도 있다. 승패의 결과가 아닌 승패의 이유를 중심으로 발표하는 것이 좋다. 논거를 발표하는 경우에는 겹치지 않는 논거만 발표하도록 유도한다.

사회자 활동지

사회자는 논제:_____에 대하여
찬성과 반대 양측의 입론 - 자유 토론 - 최종 반론을
듣고 기록하여 모두에게 판결을 발표합니다.

찬성측 입론	반대측 입론

자유 토론

찬성측 최종 반론	반대측 최종 반론

활동 자료

시사 토론에 적합한 신문 기사 참고 사이트 안내

시사 토론의 활동 자료로 사용하기에 적절한 신문 기사 사이트를 안내하면 다음과 같다.

- 중앙일보 '오피니언' 사이트와 동아일보의 '동아 쟁론' 사이트는 최근 기사는 없으나 유익한 자료가 많다.
- 조선일보 '신문은 선생님' 사이트 기사는 찬성과 반대 기사가 분리되어 있지 않아 활동 자료로 사용하려면 교사가 찬성, 반대 의견을 분리하는 작업이 필요하다.
- 어린이 동아 '어동 찬반 토론' 사이트 기사는 어린이 신문인 만큼 의견이 짧게 제시되어 있어 활동 자료로 사용하려면 교사가 내용을 보충하는 것이 필요하다.

각 사이트에서 찾을 수 있는 몇몇 토론 주제를 살펴보면 다음과 같다.

1. 중앙일보 '오피니언' 사이트

http://article.joins.com/issue/issue_news.asp?sid=6602&pn=1

- 동성혼인 합법화해야 하나
- 정부의 온실가스 배출 목표 적정한가
- 이혼 청구에서 파탄주의 도입해야 하나
- 중등 교육 학습량을 줄여야 하나
- 국회의원 정수를 늘려야 하나

2. 동아일보 '동아 쟁론' 사이트

http://news.donga.com/search?query=%EB%8F%99%EC%95%84%EC%9F
%81%EB%A1%A0&x=15&y=16

- 범죄 흉포화… 형사면책 12세로 낮추자 vs 처벌보다 재활 프로그램이
  재범 줄인다
- "폐암 주세요" 금연 광고
- 은행 영업시간 연장
- 불효자 방지법
- 해수욕장 바가지요금 규제
- 임금피크제
- 징병제냐 모병제냐

3. 조선일보 '신문은 선생님' 사이트

http://newsteacher.chosun.com/svc/news/list.html?catid=12

- 카풀 서비스 도입
- 고교 무상급식 도입
- 유치원 방과 후 영어교육
- 두발 자유화
- 동물원 폐지, 어떻게 생각하세요?
- 길고양이 급식소 설치

4. 어린이 동아 '어동 찬반 토론' 사이트

http://kids.donga.com/?psub=search&ptype=article&sch_txt=%EC%96%B4
%EB%8F%99%EC%B0%AC%EB%B0%98%ED%86%A0%EB%A1%A0

- 자치경찰제 전국 확대 논란
- 영국, 고교서 비싼 패딩 금지
- 중국, 일과시간 반려견 산책 금지
- 음주운전 처벌 강화 '윤창호법'
- 일본, 이종 이식 연구 허용 논란
- 국가의 가짜 뉴스 단속 논란
- 유료 카풀 서비스 논란

09 크로스 토론

활동 목표

논제의 찬성과 반대를 모두 학습함으로써 다양성을 체험,
역지사지의 입장과 균형 잡힌 시각을 기르는 연습

진행 방법

1. 교사는 준비 없이 현장에서 진행할 수 있는 토론 논제를 정해 학생들
   에게 알려준다.
2. 학생들을 1:1 또는 2:2 토론이 가능하도록 모둠을 편성하고 찬성과 반
   대 역할을 부여한다.
3. 1라운드 토론을 시작한다. 다음과 같이 토론 진행하도록 안내한다.

[**양측 입론 – 자유 토론 – 양측 최종 반론**]

4. 1라운드 토론이 끝나면 교사는 학생들의 모둠을 재편성한다. 찬성을
   맡았던 학생은 반대를, 반대를 맡았던 학생은 찬성을 맡게 하며 1라운

드에서 같은 모둠을 했던 학생이 아닌 다른 학생과 모둠이 되도록 편
성한다. 2:2 토론의 경우에는 모둠 구성원도 새롭게 편성한다.
1:1 크로스 토론, 2:2 크로스 토론의 모둠 편성 방법은 다음과 같다.

● **I:I 크로스 토론 모둠 편성 예시** (학생 10명의 경우, 1~10 숫자는 학생 이름)

	1 round		2 round	
	찬성	반대	찬성	반대
1모둠	1	6	10	1
2모둠	2	7	6	2
3모둠	3	8	7	3
4모둠	4	9	8	4
5모둠	5	10	9	5

● **2:2 크로스 토론 모둠 편성 예시** (학생 20명의 경우, 1~20 숫자는 학생 이름)

	1 round		2 round	
	찬성	반대	찬성	반대
1모둠	1	3	12	1
	2	4	16	5
2모둠	5	7	20	2
	6	8	11	6
3모둠	9	11	7	9
	10	12	15	17
4모둠	13	15	3	13
	14	16	19	10
5모둠	17	19	4	14
	18	20	8	18

5. 학생들은 활동지에 메모를 하며 토론을 진행한다. **(활동지** 참고)
   2라운드 활동이 모두 끝나고 나면 찬성과 반대의 역할이 바뀌었을 때
   의 차이점에 대해 정리한다.

진행 Tip

1. 한 사람이 양쪽의 입장을 모두 대변해야 하므로 감정의 과잉 없이 균형 잡힌 시각을 가질 수 있다는 교육적 의의를 강조한다.
2. 2:2 토론의 경우 2라운드에 파트너를 바꾸지 않고 찬성과 반대의 입장만 바꾸어 토론할 수 있다.
3. 주제에 따라 유리한 입장이 있을 수 있으므로 논제의 내용보다는 토론 형식에 초점을 두고 적절한 논거를 들어 주장하는지 평가한다.

활동지

학생 개별 활동지

논제		
1라운드	찬성	반대
입론		
자유 토론		
최종 반론		
2라운드	찬성	반대
입론		
자유 토론		
최종 반론		
토론 후 느낀 점		

10 ▶ 1대 다 토론

두 팀이 아니라 여럿이 하는 다자간 토론 연습,
대체 방안을 제시함으로써 문제 해결 능력을 키우는 활동

방식 1　주도권 토론

1. 주도권 토론은 한 팀이 주도권을 쥐고 토론을 이끌어 나가는 방식이다.
2. 교사는 논제를 미리 제시하고, 학생들이 사전에 준비할 수 있게 한다.
   공통 논제를 주는 것이 보통이나, 수준에 따라 팀별로 논제를 달리할
   수 있다.
3. 4팀으로 구성된 경우라면 한 팀당 5분씩 시간을 배정한다. (4팀 × 5분
   = 전체 20분)
4. 첫 번째로 주도권을 가진 팀이 5분간 자유롭게 토론을 리드한다. 주도
   권을 가진 팀이 질문할 팀을 선정해 질문한다.
5. 주도권을 가진 팀은 주어진 시간 동안 최소 2팀 이상에게 질문해야 한다.

6. 질문을 한 후에는 상대에게 최소 답변 시간(30초)을 부여해야 한다.

7. 첫 번째 주도권 팀의 시간이 끝나면 두 번째 팀이 같은 방식으로 진행한다.

8. 주도권 토론은 다자간 토론이지만 실제 진행은 주도권을 가진 팀과 지목된 팀 간의 양자 토론 형식으로 진행되기 때문에 차분하게 진행할 수 있다.

· '주도권 토론'은 2017년 대통령 선거 후보자 TV 토론회 방식 중 하나이다. (**보충 자료** 참고)

방식 2   대안 토론

1. 교사는 논제를 미리 제시하고, 대안 토론 진행 방식을 안내한다. (**참고 자료** 참고)

2. 각 팀은 찬성과 반대 입장을 정하고 자신의 입장에서 제시할 수 있는 대체 방안을 준비한다.

3. 각 팀의 발표 순서를 정한다.

4. 첫 번째 팀이 대체 방안을 3분간 발표한다.

5. 다른 팀들이 첫 번째 팀의 발표에 대해 돌아가며 질문한다. 질문 방식은 자유 토론 방식과 시간제한 방식이 가능하다.

· 자유 토론 방식 - 어느 팀이든 원하는 팀이 질문하고 답변하는 방식

· 시간제한 방식 - 한 팀당 5분씩 시간을 배정하고 발표 팀과 다른 한 팀 간 5분씩 토론하는 방식

6. 질의응답이 모두 끝나고 나면 각 팀은 돌아가며 마지막 정리 발언 시간(2분)을 갖는다.

· '대안 토론'은 2017년 대통령 선거 후보자 TV 토론회 방식 중 '정책 토론' 방식과 유사하다. 한국과학 창의재단(https://www.kofac.re.kr/) 주관 과학 토론 대회 진행 방식도 이와 유사하다.

대안 토론

대안 토론은 갈등 상황에 대한 논의를 건너뛴 채, 대체 방안을 제시하는 것에서 시작하는 토론으로 문제 해결 방안에 초점을 둔 토론이라 할 수 있다.

대체 방안이란 문제를 해결할 수 있는 대안을 말한다. 토론은 양측의 의견이 모두 완전히 맞지는 않기 때문에 하는 것이다. 따라서 토론에서는 나의 의견은 맞고 상대의 의견은 틀리다고 주장한다면 설득력이 떨어진다. 나의 의견이 설득력을 지니려면 상대 쪽 의견보다 나의 의견이 조금 더 합리적이라는 점을 부각해야 한다. 그리고 상대가 나의 입장에서 생길 수 있는 문제점을 지적하는 것에 대한 해결 방안, 즉 대체 방안을 제시하여야 설득력을 높일 수 있다.

토론의 찬성 측에서는 현 상황을 바꾸되 바꾸는 데서 발생하게 될 문제점을 완화할 수 있는 방안을 제시하여야 하고, 토론의 반대 측은 현 상황을 유지하되 유지하는 데서 생기는 문제점을 해결하기 위해 보완할 수 있는 방법을 제시하는 것이 대체 방안 제시이다.

토론은 갈등 상황만을 제시하는 것에서 끝나지 않고, 그러한 갈등 상황을 어떻게 해결할지에 대해서 논의가 이루어져야 건설적인 토론이라 할 수 있다. 그러기 위해서는 양측의 대체 방안을 듣고 어느 쪽의 대체 방안이 더 적합한가를 살피는 것이 문제 해결로 나아갈 수 있는 방법이다.

대체 방안을 제시할 때 주의할 점은 자신의 기본 입장을 유지하는 상태에서의 부가적인 방안이어야 한다는 점이다. 또한 상대측의 방안과 완전히 분리되는 것이어야 한다. 예를 들어 사형 제도 찬반 토론에서 사형 제도 폐지를 주장하는 측이 제시할 수 있는 대체 방안은 사형 제도를 없애는 대신 감형 없는 종신형 제도 도입을 대체 방안으로 제시할 수 있다. 사형 제도 유지를 주장하는 측에서는 사형수와 사형집행인 인권 보호 방안을 제시할 수 있다.

보충 자료

2017년 제19대 대통령 선거 후보자 TV 토론회 진행 방식

제19대 대선 TV 토론회는 총 6회 진행되었다. 토론회 참가자는 총 5명 (문재인, 안철수, 홍준표, 유승민, 심상정)이었고, 6회 모두 5인 다자 구도 토론회로 진행되었다. 6차례 진행된 토론회에는 총 3가지 방식이 적용되었다.

1. 시간 총량제 자유 토론

시간 총량제 자유 토론이란 입론, 반론 등에 대한 시간제한 없이 한 후보의 발언 전체 시간만을 정해놓고 진행하는 방식이다. 19대 대선 토론회에서는 '전체 시간 총량제'와 '주제별 시간 총량제' 두 방식이 사용되었다. '전체 시간 총량제'는 각 후보가 전체 토론 시간 중 개인당 18분을 자유롭게 사용하는 방식이다. '주제별 시간 총량제'는 전체 토론을 두 개의 주제로 나누어 각 후보는 한 주제당 9분씩 사용하는 방식이다.
시간 총량제 자유 토론 방식은 긴장감과 생동감을 주며 후보들의 민낯을 평가할 수 있다는 장점이 있으나, 산만하며 한 후보에게 질문이 집중되는 등의 단점도 있다.

2. 주도권 토론

주도권 토론은 한 후보가 6분씩 주도권을 쥐고 토론을 주도해 나가는 방식으로, 상대 후보를 선택해 문답을 주고받는 형식이다. 주도권을 가진 후보는 최소 3명 이상에게 질문하여야 하며, 상대에게 최소 30초 이상의 답변 시간을 주어야 한다는 규칙을 두었다.
이는 다자 구도 토론에서 양자 간의 토론이 가능하였다는 점이 긍정적으로 평가받았다. 그러나 한 후보에게만 질문이 집중되는 단점도 드러났다.

3. 정책 토론

정책 토론은 한 후보가 자신의 정책을 3분간 발표하고 이어서 나머지 네 후보가 순서대로 돌아가며 질문하는 방식이다. 정책 발표 후 한 후보와 4분간 (질문, 답변 각 2분) 자유 토론을 진행하는 방식으로 구성되었다.
정책 발표 후 일대일로 토론하는 방식이어서 차분한 진행이 가능하였다는 점과 정책 발표 과정에서 발표자의 비언어적인 면을 파악하기에도 유리하였다는 점이 긍정적으로 평가받았다. 그러나 정책 토론에서도 질문이 한 후보에게만 집중되는 점은 단점으로 드러났다.

토론 대회 방식 활동

일정한 형식과 절차에 따라 진행되는 아카데미 토론 대회 방식 체험을 통해 토론 능력을 기르는 연습

방식 1

여러 가지 아카데미 토론 방식 중 학급 구성원에 적합한 방식을 선정해 대표 학생들이 토론을 진행하고, 나머지 학생들은 토론 흐름표와 토론 평가서를 작성하며 토론평가단으로 참여한다.

방식 2

아카데미 토론은 1:1, 2:2, 3:3 형식이어서 학급 학생 전체가 토론에 직접 참여하기에는 제한적이다. 조금 더 많은 학생들이 토론에 직접 참여할 수 있도록 하려면 아카데미 토론의 각 단계를 1인에게 부여하는 방식으로 구

성하는 것이 가능하다.

3:3으로 진행되는 CEDA 방식에서 토론의 각 단계를 한 사람에게 부여하면 6:6 토론이 된다. (찬성 측 : 입론자 1 - 상호 질의자 1 - 입론자 2 - 상호 질의자 2 - 반론자 1 - 반론자 2 / 총 6명 - **활동 자료**에 있는 CEDA 방식 참조)

다른 아카데미 방식도 각 단계를 한 사람에게 부여하면 많은 학생을 토론에 직접 참여시킬 수 있다.

아카데미 토론

아카데미 토론이란 학생들이 토론을 배우고 훈련할 수 있는 기회를 제공하기 위해 만들어진 토론을 말한다. 아카데미 토론의 특징은 발언 순서와 각각의 발언 시간을 규정하는 등 엄격한 형식이 요구되는 것으로, 학생들은 이를 통해 합의된 절차를 존중하는 기본 소양을 키울 수 있다. 또한 합리적인 의사결정을 이끌어내는 의사소통 능력을 증대할 수 있다는 장점을 지닌다. 아카데미 토론의 가장 고전적인 유형은 CEDA 방식, 링컨-더글러스 방식, 의회 토론 방식, 칼 포퍼 방식 등이다. 얼마 전까지 우리나라에서 진행되었던 토론 대회들은 이러한 토론 방식 중 하나를 선택해 진행되었다. 그러나 최근 들어서는 위의 방식들을 대회 주관 기관이나 대회 성격에 맞게 변형하여 토론 대회를 진행하는 추세이다. 최근의 경향은 토론 단계를 단순화하고 자유 토론 부분을 늘리는 추세이다.

(*아카데미 토론의 유형별 특징과 진행 방식, 평가표 양식은 **활동 자료** 참고)

토론 대회 진행 방식과 토론 평가표

아카데미 토론의 가장 고전적인 유형인 CEDA, 링컨-더글러스, 의회 토론, 칼 포퍼 방식의 토론 진행 방식과 토론 평가표를 순서대로 제시한다. 그 외 우리나라에서 진행되는 전국 단위 토론 대회의 예시로 중앙선거관리위원회 토론대회, 명지대학교 전국초등학생토론대회, 명지대학교 독서토론대회, 오산시 전국토론대회의 진행 방식과 평가표를 제시한다. 교사는 다음에 제시하는 여러 방식 중 각자의 수업 현장 상황에 맞는 방식을 채택하거나 또는 응용하여 진행할 수 있다.

1. CEDA(Cross Examination Debate Association) 방식

CEDA 방식은 미국전국토론연맹 NDT (National Debate Tournament)에서 행하던 토론 형식에서 유래된 것으로 2:2 토론 방식이다. 상대방의 주장을 잘 듣도록 하기 위해 상대방의 주장에 대한 질문 시간을 두고 있는 것이 특징이다.

▶ 진행 방식

찬성 1	찬성 2	반대 1	반대 2	시간(분)	시간(분)
① 입론				8	10
			② 상호 질의	3	3
		③ 입론		8	10
④ 상호 질의				3	3
	⑤ 입론			8	10
		⑥ 상호 질의		3	3
			⑦ 입론	8	10
	⑧ 상호 질의			3	3
		⑨ 반론		4	5
⑩ 반론				4	5
			⑪ 반론	4	5
	⑫ 반론			4	5
				총 60분	총 72분

▶ 평가표

구분	찬성		반대	
	찬성 1	찬성 2	반대 1	반대 2
이름				
입론 (10점)	①	⑤	③	⑦
상호 질의 (10점)	④	⑧	⑥	②
반론 (10점)	⑩	⑫	⑨	⑪
평가 이유				
개별 점수 (30점 만점)	①+④+⑩	⑤+⑧+⑫	③+⑥+⑨	⑦+②+⑪
토론자별 순위				
총점 (60점 만점)	①+④+⑩+⑤+⑧+⑫		③+⑥+⑨+⑦+②+⑪	

* CEDA 평가표는 팀 평가뿐만이 아니라 토론자별 개인 평가가 가능한 방식이어서 학생들에게 피드백 해주기에 좋은 평가 방식이다.

2. 링컨-더글러스(Lincoln-Douglas Debate) 방식

링컨-더글러스 방식은 1858년 일리노이 주 상원 의원 선거 캠페인 중 링컨과 스테판 더글러스 사이에 있었던 노예 제도에 관한 토론에 기원을 둔 것으로, 1:1 토론 방식이다. 이 토론은 가치문제 토론에 적합한 유형으로 알려져 있다.

▶ 진행 방식

찬성	반대	시간(분)
입론		6
	상호 질의	3
	입론	7
상호 질의		3
반론		4
	반론	6
반론		3
		총 32분

▶ 평가표[5]

찬성 토론자			반대 토론자		
	항목	점수		항목	점수
입론 (10점)	개념 정의		입론 (10점)	개념 정의	
	우선순위			우선순위	
	판단 기준			판단 기준	
	전달			전달	
	기타			기타	
상호 질의 (5점)	인용의 정확성		상호 질의 (5점)	인용의 정확성	
	자료, 논거 지적			자료, 논거 지적	
	답변 유도 능력			답변 유도 능력	
	예의			예의	
	기타			기타	
반론 (5점)	자료 근거 검증		반론 (10점)	자료 근거 검증	
	쟁점의 일관성			쟁점의 일관성	
	비판의 효율성			비판의 효율성	
	전달			전달	
	기타(새 쟁점, 시간 등)			기타(새 쟁점, 시간 등)	
반론 (5점)	자료 근거 검증				
	쟁점의 일관성				
	비판의 효율성				
	전달				
	기타				
총점			총점		
득점 요인			득점 요인		
감점 요인			감점 요인		
심사 결과 : ○ ○ 팀 우승					

5) 김주환,『교실 토론의 방법』, 나라말, 2007, 125쪽.

3. 의회 토론(Parlamentary Debate) 방식

의회 토론 방식은 1820년대에 옥스퍼드 대학교와 케임브리지 대학교 학생회가 행하던 토론 형식에 기초를 두고 있다. 2인 1조 혹은 3인 1조로 토론이 진행된다. 의회 토론 형식에는 상호 질문 시간이 없으며 그 대신 보충질의(points of information), 의사진행 발언(points of order), 신상 발언(points of personal privilege) 등이 가능하다.

▶ 진행 방식

찬성 1	찬성 2	반대 1	반대 2	시간
입론				7
		입론		8
	입론			8
			입론	8
		반론		4
반론				5
				총 40분

▶ 평가표[6)]

	매우 좋음	좋음	보통	미흡
내 용 (점 / 60점 만점)				
논제를 명확히 설명하였는가?				
주요 쟁점을 명확히 설명하였는가?				
문제 상황을 명확히 설명하였는가?				
해결방안을 명확히 설명하였는가?				
논거들을 지지하는 논거 보강을 충분히 제시하였는가?				
논리적 오류는 없는가?				
논거 보강은 신뢰할 만한 자료들인가?				
제시한 논거들은 분류 구분이 잘 되어 있는가?				
보충질의(POI)를 최소 2번 이상 하였는가?				
중요 쟁점을 잘 요약 전달하였는가?				
전 달 (점 / 20점 만점)				
언어 전달이 명확한가?				
비언어를 적절하게 사용하고 있는가?				
자세가 올바른가?				
현장 적응을 잘하는가?				
침착하고 차분하게 반론하는가?				
위기 대처를 잘하는가?				
개 요 서 (점 / 20점 만점)				
개요서의 완성도가 있는가?				
어휘 사용, 문장 구성이 적절한가?				
논제를 명확히 설명하였는가?				
보충질의를 2개 이상 제시하였는가?				
논거와 논거 보강을 정확히 제시하였는가?				
띄어쓰기, 맞춤법 등이 적절한가?				

* 위 평가서는 토론 개요서 평가를 포함한 평가서임.

---

6) http://www.sjsu.edu/search/index.html?q=parliamentary%20debate

4. 칼 포퍼(Karl Popper Debate) 방식

칼 포퍼 방식은 과학 철학자인 칼 포퍼의 이름을 빌려 만든 형식이다. 칼 포퍼는 『열린 사회와 그 적들(The Open Society and Its Enemies)』이라는 책에서 "당신이 옳을 수도 있고 내가 틀릴 수도 있다. 다만 힘을 모으면 우리는 진리에 더욱더 가까이 다가설 수 있을 것이다."라고 하였다. 그는 또 "비판적 사고란 바로 대화와 공적 토론의 협동적 과정이며, 지식이란 예측과 반증을 통해 진보한다."라고 하였는데 이를 기초로 '열린 사회 연구소'와 소로스 재단 네트워크가 1994년에 만든 토론 방식이 칼 포퍼 형식 토론이다.

▶ **진행 방식**

찬성 1	찬성 2	찬성 3	반대 1	반대 2	반대 3	시간(분)
① 입론						6
					② 상호 질의	3
			③ 입론			6
		④ 상호 질의				3
	⑤ 반론					5
				⑥ 상호 질의		3
					⑦ 반론	5
⑧ 상호 질의						3
		⑨ 반론				5
					⑩ 반론	5
						총 44분

▶ 평가표

	평가 기준	찬성		반대
공통 항목	언어적 표현의 명료성과 적절성 토론 예절 및 토론 규칙의 준수 여부	각 단계별 평가에서 항상 반영하여 채점함		
입론	토론의 쟁점을 잘 포착하고 명확하 게 표현했는가? 주장에 대한 적절한 논거를 제시했 는가? 주장에 대한 논거가 다양하고 참신 한가? 확인 질문에 효과적으로 답변하였 는가?	5 4 3 2 1 +1 0 -1	① ③	5 4 3 2 1 +1 0 -1
상호 질의 1	토론의 쟁점을 명확히 하는 데에 도 움이 되었는가? 상대방 주장의 허점을 적절히 추궁 했는가?	5 4 3 2 1	④ ②	5 4 3 2 1
반론 1	상대방 입론의 핵심을 문제 삼고 있는가? 상대방 논리의 문제점을 잘 비판했 는가? 상대방 지지에 대해 적절히 응수했 는가? 확인 질문에 효과적으로 답변하였 는가?	5 4 3 2 1 +1 0 -1	⑤ ⑦	5 4 3 2 1 +1 0 -1
상호 질의 2	토론의 쟁점을 명확히 하는 데에 도 움이 되었는가? 상대방 주장의 허점을 적절히 추궁 했는가?	5 4 3 2 1	⑧ ⑥	5 4 3 2 1
반론 2	남아있는 중요한 반론 거리를 모두 지적했는가? 상대방 논리의 문제점을 잘 비판했 는가? 상대방 지지에 대해 적절히 응수했 는가?	5 4 3 2 1	⑨ ⑩	5 4 3 2 1
	합계		숙의 횟수 ① ② ③ ④	숙의 횟수 ① ② ③ ④
총평				

5. 퍼블릭 포럼(Public Forum Debate) 방식

퍼블릭 포럼 방식은 비교적 최근에 만들어진 방식으로, 지금은 NFL (National Forensic League), NCFL(National Catholic Forensic League)에서 주로 사용하고 있다. 다른 토론 유형들은 모두 찬성 측이 먼저 발언을 시작하는 것과 달리 퍼블릭 포럼(2:2 방식)은 동전 던지기로 발언 순서를 정하기 때문에 반대 측이 먼저 발언할 수도 있다는 차이점이 있다.

▶ 진행 방식

먼저 발언 측		나중 발언 측	
토론자 1	토론자 2	토론자 1	토론자 2
① 입론(4분)		② 입론(4분)	
③ 상호 질의(1번 토론자끼리 3분)			
	④ 반론(4분)		⑤ 반론(4분)
⑥ 상호 질의(2번 토론자끼리 3분)			
⑦ 요약(2분)		⑧ 요약(2분)	
⑨ 상호 질의(팀원 전원 3분)			
	⑩ 최종 발언(2분)		⑪ 최종 발언(2분)

▶ 평가표

	먼저 발언 측		나중 발언 측	
	토론자 1	토론자 2	토론자 1	토론자 2
이름				
입론 / 반론 (10점)	①	④	②	⑤
상호질의 (10점)	③	⑥	③	⑥
요약 / 최종 (10점)	⑦	⑩	⑧	⑪
상호질의 (10점)	⑨	⑨	⑨	⑨
평가 이유	1. 2. 3.			
개별점수 (40점 만점)				
토론자별 순위				
총 점 (80점 만점)				

6. 중앙선거관리위원회 토론대회 방식

▶ 진행 방식

방식	대학생부 예선	대학생부·고등학생부 32강-16강	8강	준결승	비고
① 찬성 팀 기조연설	1분	1분	1분	1분	
② 반대 팀 기조연설	1분	1분	1분	1분	
③ 자유 토론(팀당)	8분	9분	10분	11분	반대 팀 발언 시작
④ 반대 팀 맺음말	1분	1분	1분	1분	
⑤ 찬성 팀 맺음말	1분	1분	1분	1분	
합계	20분	22분	24분	26분	

▶ 평가표(일반형)[7]

	평가 기준	찬성	반대
공통 항목	언어적 태도(목소리, 속도, 말투 등)의 적절성 토론의 예절과 규칙 준수 여부	각 단계별 평가에서 이를 반영하여 채점함 (+1, 0, -1)	
입 론	토론의 쟁점을 잘 포착했는가? 논점은 참신했는가? 논거가 적절한가? 논거가 타당한가?	점수: 1 2 3 4 5	점수: 1 2 3 4 5
확인 질문	토론의 쟁점을 분명하게 파악하는 질문을 했나? 상대방의 논리적 허점을 잘 지적했는가?	점수: 1 2 3 4 5	점수: 1 2 3 4 5
반 론	상대방의 논리적 허점을 잘 지적했는가? 반론의 논거는 타당한가? 반론 거리를 모두 지적했는가?	점수: 1 2 3 4 5	점수: 1 2 3 4 5
최종 발언	토론의 핵심 쟁점을 잘 정리했는가? 자기 팀의 입장을 효과적으로 부각했는가?	점수: 1 2 3 4 5	점수: 1 2 3 4 5
	합 계		

* 중앙선거관리위원회 토론 평가표는 비공개이므로 일반적인 평가표를 대신 제시함.

---

7) 이정옥, 『토론의 전략』, 문학과 지성사, 159쪽.

7. 명지대학교 전국초등학생토론대회 방식

▶ **진행 방식**

	찬성			반대		
	찬성 1	찬성 2	찬성 3	반대 1	반대 2	반대 3
입 론 (3분)	①			②		
숙의 시간(1분 30초)						
상호 질의 (3분)	③ (찬성 측에서 질문 시작)					
반 론 (3분)	④			⑤		
숙의 시간(1분 30초)						
상호 질의 (3분)	⑥ (반대 측에서 질문 시작)					
최종 반론 (2분)		⑦				⑧

▶ **평가표**

찬 성			반 대		
팀 번호		팀명	팀 번호		팀명
	평 가 항 목			찬성	반대
입론 (5점)	논점 확보의 적절성 논거 제시의 타당성 논거 제시의 참신성				
상호 질의 (5점)	쟁점 분석 능력 - 논점을 잘 정리해서 질문하는가? 순발력과 현장성 - 상대가 제시한 내용에 기반하는가? 답변의 적절성 - 상대의 질문에 정확히 답변하는가?				
반론 (5점)	핵심 논점 파악 능력 - 핵심 논점을 파악하고 있는가? 갈등 해결 능력 - 갈등을 해결할 수 있는 방안을 제시하는가?				
상호 질의 (5점)	쟁점 분석 능력 - 논점을 잘 정리해서 질문하는가? 순발력과 현장성 - 상대가 제시한 내용에 기반하는가? 답변의 적절성 - 상대의 질문에 정확히 답변하는가?				
최종 반론 (5점)	분석력 - 토론의 핵심 쟁점을 잘 정리하였는가? 호소력 - 주장을 호소력 있게 부각시켰는가? 설득력 - 자신의 주장을 설득력 있게 주장하는가?				

기타 (5점)	규칙 이행 - 토론 예절을 잘 지켰는가? 팀워크 - 협력과 역할분담이 잘 이루어졌는가? 비언어 - 자세와 태도 손짓, 표정, 듣고 말하는 자세 등 언어적 표현과 전달력 - 문장 구성력, 전달력		
총점 (30점)	( ) 팀 승리		

8. 명지대학교 독서토론대회 방식

▶ 진행 방식

찬성1	찬성2	반대1	반대2	시간(분)
입론				3
		입론		3
	자유 토론			20
			최종 발언	2
	최종 발언			2
				총 30분

▶ 평가표

평 가 영 역		평 가 항 목	찬성		반대	
			찬성 1	찬성 2	반대 1	반대 2
입론		논점 확보의 적절성 논거 제시의 타당성, 참신성(5점)				
자유 토론	질문	쟁점 분석 능력 답변 유도 능력 (5점)				
	답변	답변의 적절성 답변 대처 능력 (5점)				
최종 발언		분석력, 호소력, 설득력 (5점)				
기타		언어적 표현과 전달력 시선 및 자세 (5점)				
		예의, 팀워크, 규칙 이행 (5점)				
개별 점수 (25점)						
총 점 (50점)						

* 음영 부분은 작성하지 않음.

9. 오산시 전국토론대회 방식

▶ 진행 방식

초등부	중·고등부
① 첫 번째 **찬성** 발언(4분) 　작전타임(1분) 　첫 번째 **찬성 발언에 대한 심문**(3분) 　작전타임(1분) ② 첫 번째 **반대** 발언(4분) 　작전타임(1분) 　첫 번째 **반대 발언에 대한 심문**(3분) 　작전타임(1분) ③ 두 번째 **찬성** 발언(4분) 　작전타임(1분) 　두 번째 **찬성 발언에 대한 심문**(3분) 　작전타임(1분) ④ 두 번째 **반대** 발언(4분) 　작전타임(1분) 　두 번째 **반대 발언에 대한 심문**(3분) 　작전타임(1분) ⑤ 세 번째 **찬성** 발언(4분) 　작전타임(1분) 　세 번째 **반대** 발언(4분)	① 첫 번째 **찬성** 발언(5분) 　작전타임(1분) 　첫 번째 **찬성 발언에 대한 심문**(3분) 　작전타임(1분) ② 첫 번째 **반대** 발언(5분) 　작전타임(1분) 　첫 번째 **반대 발언에 대한 심문**(3분) 　작전타임(1분) ③ 두 번째 **찬성** 발언(5분) 　작전타임(1분) 　두 번째 **찬성 발언에 대한 심문**(3분) 　작전타임(1분) ④ 두 번째 **반대** 발언(5분) 　작전타임(1분) 　두 번째 **반대 발언에 대한 심문**(3분) 　작전타임(1분) ⑤ 세 번째 **찬성** 발언(5분) 　작전타임(1분) 　세 번째 **반대** 발언(5분)

▶ 평가표

	평 가 항 목	찬성	반대
내용 (50점)	· 연사가 '무엇을' 말하는가? - 논거의 구성(PEEL : 명확하고 간결한 요점, 충분하고 논리적인 설명, 구체적/실질적 예시, 요점과 전체 입장으로 연결) - 반박의 구성(상대편의 주요 의견과 나의 의견의 직접적 혹은 간접적 비교 분석)		
매너 (25점)	· 연사가 내용을 '어떻게(how)' 표현하는가? - 언어적 매너(음량, 또렷하게 말하기, 속도, 높낮이, 멈춤, 변조, 유머 등) - 비언어적 매너(눈의 접촉, 적합한 표정, 손짓, 몸가짐 등)를 통해 나타나는 자신감, 설득력		
전략 (25점)	· 토론 규칙과 관련된 것 - 시간 조절, 이의 제기에 대한 답변, 적합한 역할 수행, 팀워크 등		

12 토론 심사 위원 체험 활동

활동 목표

토론 평가 연습을 통해 토론의 각 단계에서 필요한
역량을 학습하는 활동

진행 방법

1. 교사는 수업시간에 학생들과 같이 볼 수 있는 토론 영상을 준비한다.
   (**활동 자료** 참고)
2. 토론 영상은 토론의 시작부터 끝까지 모두 녹화되어 있는 편집되지 않
   는 영상이어야 한다. 영상은 20분 정도 진행되는 토론이 적합하다.
3. 학생들과 비슷한 연령의 학생들, 즉 초등학생이면 초등학생 토론을,
   대학생이면 대학생 토론으로 준비한다.
4. 교사는 시청하는 토론의 형식에 맞는 토론 흐름표 양식과 토론 평가
   서 양식을 준비한다. (**활동 자료** 참고)
5. 학생들에게 토론 흐름표와 토론 평가서를 한 장씩 나누어 주고, 작성
   요령을 설명해 준다. (토론 평가서는 11. 토론 대회 방식 활동의 **활동**

자료 참고)

6. 토론 동영상을 함께 보며 학생들이 토론 흐름표와 토론 평가서를 작성하도록 한다. 학생들 각자가 심사 위원 자격으로 평가하는 것임을 강조한다.

7. 영상 시청 후 개별적인 평가서 작성이 끝나면 학생 5인을 한 모둠으로 심사 위원단을 구성하고 심사위원장을 선정한다.

8. 각 모둠에서 자신의 평가 결과를 비교해 논의한 후 최종 심사 결과를 정한다. 토론 우승 팀에 대한 심사와 함께 토론자들 중 '베스트 스피커'를 뽑는 심사도 진행한다.

9. 심사 위원장이 모둠의 심사 결과와 '베스트 스피커' 선정 이유를 발표한다.

10. 모둠별 발표가 끝난 후 토론 우승 팀과 베스트 스피커 선정에 있어 모둠별 차이가 있다면 그 이유에 대해 생각해 본다. 그리고 토론 진행에서 설득력 있어 보였던 점이나 아쉽게 생각했던 점에 대해 함께 이야기 나눈다.

◆ **토론 동영상**

· 명지대학교 전국초등학생토론대회 동영상
 https://www.youtube.com/watch?v=aiWJRcjnDHc

· 명지대학교 독서토론대회 동영상
 https://www.youtube.com/watch?v=pQm_abFNOBA

· 중앙선거관리위원회 전국대학생토론대회, 전국고등학생토론대회 동영상

http://www.debates.go.kr/2016_debate/debate01_02.php?tab=tab3&board=m

ovie&s_id

· tvN 대학토론배틀 동영상

http://program.tving.com/tvn/campustoron/

· 오산시 전국학생토론대회 동영상

https://www.youtube.com/watch?v=NNQkPaUs9Do

· 한국토론대학 디베이트빅뱅 동영상

https://www.youtube.com/watch?v=oGH7V_A0u04

* 명지대 전국초등학생토론대회와 명지대 독서토론대회 영상은 편집된 영상임.
 중앙선거관리위원회 토론 동영상 사이트에는 역대 토론 대회 영상을 찾을 수 있음.
 tvN 대학토론배틀 사이트의 클립 영상은 무료이나 토론 전체 영상은 유료임.

◆ 토론 흐름표(flow chart) 양식

토론 흐름표란 토론이 진행되는 상황을 간략하게 메모하는 것이다. 토론 상황에 맞추어 찬성과 반대 측이 논거와 반론, 재반론이 잘 이루어졌는지를 확인할 수 있도록 작성하면 된다. 논거와 이에 대한 반론, 재반론의 흐름을 잡아내야 어느 편의 토론이 더 논리적이었는지 판단이 가능하다.

1. 일반적인 토론 형식에 사용할 수 있는 흐름표

논제 :	
찬 성	반 대
입론	입론
상호 질의	상호 질의
최종 발언	최종 발언

2. 2:2 CEDA 토론 형식에 사용할 수 있는 흐름표

찬성 1 입론	반대 2 상호질의	반대 1 입론	찬성 1 상호질의	찬성 2 입론	반대 1 상호질의	반대 2 입론	찬성 2 상호질의	반대 1 반론	찬성 1 반론	반대 2 반론	찬성 2 반론

◆ 쉬어가기 ◆

* 참고 https://noisyclassroom.com

V

종합 모델

활동 목표

서로의 의견을 조정하여 갈등을 해결하고 창의적 대안을
생성하는 연습,
찬성, 반대를 넘어서 가시적인 합의까지 이루어내는 연습,
의사소통 능력 및 문제 해결 능력 향상

진행 방법

방식 1 비정상 회담 방식 - 보물선의 보물은 누구의 것인가?

1. 교사는 다음의 산호세호 인양 관련 뉴스를 학생들에게 나누어 주고, 산
   호세호 관련 유튜브 영상(https://www.youtube.com/watch?v=iQGZGQ64zcI/
   YTNscience뉴스)을 시청한다.

300년 전 침몰한 보물선 발견, 20조 원 가치

1708년 스페인 왕 펠리페 5세의 산호세호는 페루 등에서 나온 금, 은 등의 보물을 싣고 귀국하던 중 콜롬비아 해안에 침몰했다. 이 배에 있는 보물의 가치는 최고 170억 달러(약 20조 원)에 이를 것으로 예상된다. 콜롬비아 정부는 미국 탐사 전문 회사와 손잡고 탐지 작업을 벌였다. 산호세호를 둘러싸고 미국 탐사 회사와 콜롬비아, 스페인, 페루 등이 '보물의 주인은 우리'라며 소유권을 주장하고 있다.

◆ 유네스코 보호 협약에 따르면, 수중 문화유산 보물선의 선체는 선적국 소유이지만, 배에 실린 보물은 인양한 국가 소유로 되어 있다. 이 협약은 구속력이 있지는 않다.
◆ 브뤼셀 협약에 따르면, '바다에 빠져 있는 것은 무엇이든 발견한 자가 공정하게 얻은 것으로 인정한다.'고 명시되어 있다.
◆ 국제 해양법상 전함에 관한 규정에 따르면 '전함은 침몰한지 오래 지나도 그 나라 소유권을 인정받는다.'고 명시되어 있다.

각국이 소유권을 주장하는 이유는 다음과 같다.

Spain

스페인은 '산호세호'가 스페인 국왕의 소유였고, 가라앉을 당시 배에 있던 군인과 선원 600여 명도 모두 스페인 사람이었기 때문에 보물의 소유권이 스페인에 있다고 주장한다. 스페인은 "배가 항해할 당시 게양한 국기의 국가에 소유권이 있기 때문에 산호세호도 우리 것"이라고 주장하고 있다.

United States

미국 인양 회사인 SSA는 1980년부터 1000만 달러 이상 투자해 탐지 작업을 벌였다. SSA는 투자자를 모은 뒤 1979년 콜롬비아 정부와 산호세호에 대한 탐사 독점권과 인양 물건에 대한 50%의 소유권을 보장받는 협정을 체결하였다. 탐사 회사는 기술을 들였으니 보물 소유권이 있다고 주장한다.

Columbia

콜롬비아 정부는 자금을 들여 자국 앞바다에서 건져 올렸으니 당연히 보물도 자국 소유라고 주장한다. 미국 탐사 회사 소유권 주장에 대해 콜롬비아는 동의하지 않는다. 1984년 벨리사리오 베탄쿠르 콜롬비아 대통령은 SSA의 지분이 5%에 불과하다고 주장해 미국과 법정 분쟁이 시작되었다.

Peru

배에 실린 보물들은 대다수 고대 페루 왕국 유물로 페루의 포토시 광산에서 채굴된 금과 은 등이다. 페루를 식민 지배했던 스페인이 전쟁 자금으로 쓰려고 약탈한 것이기 때문에 보물 소유권은 당연히 처음 소유국인 페루에 돌려 주어야 한다고 주장한다.

* '산호세호와 돈스코이호', 경북일보, 2018. 07. 19.
  '보물선', 광주일보, 2018. 07. 24. 기사 재구성

2. 교사는 협상 연습을 위한 토의임을 전달하고 네 나라가 갖고있는 이해관계에서 어떻게하면 협상에서 유리한 입장을 만들어 나갈 수 있을지 생각하게 한다.

3. 학생들을 4인 1조로 구성하고 4명의 학생들은 각기 콜롬비아, 스페인, 페루, 미국 네 나라의 대표 역할을 분담한다.

4. 모둠별로 협상을 시작한다.
   · 한 나라가 20조를 모두 가져갈지, 20조를 나누어 가질지를 정한다.
   · 한 나라가 20조를 모두 가져가는 경우, 어느 나라가 가져갈지를 정한다.
   · 20조를 나누어 가질 경우, 국가별 적절한 협상액을 정한다. (네 나라가 동일하게 5조씩 나누는 것은 불가)

5. 모둠별 활동이 끝나면 모둠별 협상 결과를 발표한다. 발표자는 협상 결과를 도출해 낸 이유에 대해서도 발표한다.

방식 2 골목 상권 상생 협상

1. 교사는 협상이 가능한 내용이 담긴 읽기 자료를 준비한다.

   〈예시〉 양귀자 『원미동 사람들』 - 김포 슈퍼와 형제 슈퍼의 골목 상권 갈등
   사항

2. 교사는 학생을 두 그룹으로 나누어 1번 그룹 학생들에게는 김포 슈퍼,
   2번 그룹 학생들에게는 형제 슈퍼 입장에서 협상안을 준비해 오도록
   과제를 제시한다.

3. 협상안 준비는 SWOT 분석을 해오도록 한다.

SWOT 분석이란 강점, 약점, 기회, 위기의 네 가지 요소를 이용하여 문제를 분석하고, 대책을 세우는 방법으로 일반적으로 다음과 같이 구성한다.

강점 약점
기회 위기

4. 학생들이 준비를 해 오면 우선 같은 편을 맡은 학생들 2인이 만나 각자 준비해 온 SWOT 분석을 바탕으로 단일한 협상안을 만드는 토의를 진행한다.
5. 단일한 협상안이 만들어지면 상대편 2인을 만나 협상을 진행한다.
6. 협상안은 구체적으로 만들도록 유도한다.
   · 두 가게가 합병을 하는 경우라면 이익 분배, 근로시간 분배, 근로 조건 등을 어떻게 할지
   · 두 가게가 물건을 나누는 경우라면 구체적으로 각각의 물건을 어떻게 나눌지
   · 담합을 하는 경우라면 어느 물건을 어느 선에서 결정할지 등
   · 단순한 상생 방안이 아닌 두 가게가 보다 더 성장할 수 있는 방안을 제시할 수 있도록 유도한다.
7. 주어진 시간이 경과되면 협상을 종결한다. 주어진 시간까지 협상이 성사되지 않으면 협상 결렬을 선언한다.
8. 협상 종료 후 각 모둠에서 타결된 협상안을 발표한다. 협상이 결렬된 모둠은 협상 결렬 사유를 발표한다.
9. 다른 모둠에서는 발표한 협상안의 문제점에 대해 질문할 수 있다.

진행 Tip

1. 협상 토의는 양측이 유리한 점과 불리한 점을 동시에 가지고 있어서 서로 대등한 입장이 되어야 원활하게 진행할 수 있다.
2. 모두가 만족하는 성공적인 협상을 위해서는 상대방에 대한 이해와 존중을 바탕에 둔 우호적인 태도를 보여야 함을 강조한다. 협상은 유리

한 입장을 밀어붙이는 것보다 타결이 중요하기 때문이다.

3. 협상의 당사자들로 역할을 나누어 토의를 진행하면 연극적인 몰입도 가능하다. 맡은 역할의 특징을 잘 살려서 실감 나게 토의하면 학생들의 흥미를 끌 수 있다.

4. 교사는 학생들이 민주적인 의사소통 과정을 통해 갈등을 해결하는 교육적인 경험을 할 수 있도록 지도한다. 이는 우리가 일상생활에서 겪는 갈등과 문제를 스스로 해결할 수 있는 능력을 키우는 데에도 도움이 될 것이다.

* 참고 **양자가 모두 이겨야 한다**, 유동걸, 『토론의 전사 2』, 해냄에듀, 2015.

02 협동 학습 토의

공통된 학습 목표의 달성을 위하여 구성원 간의
협력 관계 연습,
Learning by Teaching으로 학습 동기 촉진,
비판적·분석적 사고 훈련,
설명과 설득 연습

◆ '협동 학습 토의'는 '지그소(Jigsaw) 토의'의 한국어 이름이며 '과제 분담형 학습 토의'라고도 불린다. 어떤 주제에 대해 토의하기 위해 그 주제에 대한 내용을 나누어 각자 조사해 온 후 모여 토의하는 방식을 말한다. 협동 학습 토의는 조원들 전체의 참여를 이끌어 낼 수 있고, 각 참가자는 객관적 설명을 하는 연습을 하는 기회가 되므로 수업 시간에 적용하기에 좋은 토의 모델이다.

1. 토의할 주제를 정하고 이 주제를 토의하기 위해서 기본적으로 조사해야 할 사항에 대해 준비한다. (**활동 자료** 참고)

> 〈예시〉
>
> 주제   – 역사를 심판할 수 있는가?
> 조사 항목 – ① 4·19 혁명 ② 5·16 군사정변 ③ 10·26 사태 ④ 12·12 사태
> 추가 토의 – 역사는 객관적인가?

2. 교사는 4인 1조로 모둠을 구성하고 각 모둠 구성원들에게 ①, ②, ③, ④ 번호를 부여한다.

3. 교사는 구성원 ①, ②, ③, ④에게 자신의 번호에 해당하는 자료를 조사해 오도록 한다.

   예를 들어 구성원 ①은 ① 4·19 혁명을 조사해 온다.

4. 학생들이 준비한 자료를 활용하여 토의 활동을 시작한다.

5. 토의 전반부에는 같은 자료를 준비한 학생들끼리 모여 자신들이 조사한 내용에 대해 심화 학습을 한다. 학생들은 자신의 조사 자료를 충분히 설명할 수 있을 만큼 준비한다.

6. 심화 학습이 끝나면 학생들은 자신의 원래 모둠으로 돌아간다.

7. 각 모둠으로 돌아간 학생들은 자신이 심화 학습한 내용을 다른 모둠 구성원에게 설명한다.

8. 모둠 구성원들이 돌아가며 설명을 마치고 나면, 들은 내용을 바탕으로 추가 토의 질문에 대해 토의한다.

진행 Tip

1. 협동 학습 토의는 모델을 만드는 것이 중요하다. 학생들에게는 모델을 만드는 것만으로도 비판적, 분석적 사고 훈련이 된다. 학생들에게 과제로 주거나 토의 방식으로 모델을 만들도록 할 수 있다.

■ 협동 학습 모델 작성 시 주의할 점

협동 학습 토의 모델은 주제, 조사 항목, 추가 토의의 3단계로 구성한다.

- **주제**는 학습이 필요한 큰 주제를 말한다.

- **조사 항목**은 주제를 학습하기 위해 조사해야 할 사항을 말한다. 조사 항목을 구성하는 데는 '필요·충분'과 '분류·구분'을 기억하자. '필요·충분'이란 주제를 학습하기에 필요한 내용들이 조사 항목에 충분히 다 들어가 있어야 한다는 것이다. '분류·구분'이란 이 내용들이 서로 겹치지 않게 잘 분류해서 구성해야 한다는 것이다. 모둠 구성원 ①과 구성원 ②가 조사할 내용이 겹치지 않아야 한다. 또한, 조사 항목은 객관적 조사가 가능한 항목들로 구성되어야 한다. 개인의 의견을 펼치는 부분이 아니다.

- **추가 토의**는 주제를 심화시키거나 주제와 연관된 다른 논제를 제시하는 것이다. 조사 항목에 대한 학습을 통해 학생들이 자신의 의견을 설득할 수 있는 질문들이 효과적이다.

2. 협동 학습 토의는 학생들의 사전 준비가 중요한 토의 유형이다. 학생들이 자신의 부분을 정확히 준비해 오도록 하기 위해 자신의 조사 항목을 유인물로 만들어오게 하는 것이 효과적이다. 학생들이 자신의 모둠에서 설명할 때 자신이 준비한 유인물을 다른 모둠원들에게 나누어 주고 설명하면 보다 효과적이다.

3. 교사는 모둠별 진행 시 각 참여자의 설명 시간을 제한하는 것이 효과적이다. 예를 들어 모둠별로 ①번 학생이 5분간 설명하게 하고, 그다음

②번 학생이 5분 설명하는 방식으로 전체 학급이 같이 진행할 수 있도록 한다.

4. 학생들에게 조사 항목은 설명적 말하기를, 추가 토의는 자신의 생각을 전달하는 설득적 말하기를 하도록 유도한다.

5. 토의 후, 모둠별 활동의 내용에 대해 정리하는 작업이 필요하다. 토의 활동 전반을 발표하는 것은 시간이 많이 걸리므로 추가 토의 마지막에 토의 주제의 핵심 단어를 모둠별로 정의 내리게(예시 : '역사란?') 한 후, 자신의 모둠에서 내린 정의를 발표하고 비교해 보는 것도 효과적인 방법이다.

협동 학습 토의 논제 예시

주　제 : 선거제도

조사 항목 ① 우리나라 선거권 부여의 요건 / 다른 나라 요건
　　　　　② 우리나라의 연령대별 투표율 차이와 그 문제점 / 시기별 변화
　　　　　③ 현재 시행되고 있는 투표 독려 방안 / 선거법 위반 사례
　　　　　④ 부재자 투표 제도, 사전 투표 제도, 결선투표 제도
　　　　　⑤ 해외 사례- 외국 투표 제도, 외국 투표율, 해외 투표 독려 사례
추가 토의 　- 선거연령 18세로 낮추어야 하는가?
　　　　　- 정치적 무관심은 사회적 문제인가, 개인적 문제인가?
　　　　　- 의무투표제를 실시해야 하는가?
　　　　　- 투표를 하지 않는 것도 의사 표현으로 인정해야 하는가?
　　　　　- 선거는 합리적 선택인가?
　　　　　- '시민의식'이란 무엇인가?

주 제 : 평등

조사 항목 ① 잠정적 우대 조치(적극적 평등 실현 조치)에 대한 개념과 외국 사례
② 여성고용할당제에 대한 설명
③ 군 가산점 제도 논란
④ 교원 임용 남성 할당제(교원 임용 양성평등 채용 목표제) 논란
⑤ 여성가족부 폐지 논란
추가 토의 - 적극적 평등을 실현하기 위한 국가의 개입은 정당한가?
- 여성고용 할당제 도입이 실질적인 남녀평등에 기여할 수 있는가?
- 군 가산점 제도, 교원 임용 남성 할당제에 대한 자신의 찬반 입장
- '평등'에 대한 개념 정의

주 제 : 저출산 문제

조사 항목 ① 우리나라 출산 현황, 출산율의 변화, 성비 변화 등
② 출산율 저하의 원인(문화, 경제, 기타 측면)
③ 저출산이 초래하는 문제
④ 우리나라 출산장려금 정책, 가족 관련 정책과 법안 등
⑤ 해외 사례, 해외의 출산율 정책과 성과
추가 토의 - 현재의 출산장려금 제도는 합당한가?
- 출산 관련 정책의 보완점은 무엇인가?
- 낙태 허용할 것인가?

주 제 : 유통 규제 법안 문제

조사 항목 ① 대형마트, 복합 쇼핑몰 휴무일 확대 문제
② 대규모 점포 개점 규제 강화
③ 편의점 심야 영업 규제 / 외국 유통 규제 관련 사항
④ 전통시장 활성화 지원 사항
⑤ 젠트리피케이션 현상과 대책
추가 토의 - 소비자의 선택권, 소상공인 보호 무엇이 우선인가?
- 유통 규제에 대한 국가의 개입은 정당한가, 실효성이 있는가?

주 제 : 복지 문제

조사 항목 ① 무상급식 논란
② 청년 수당 논란
③ 기초 노령 연금 문제
④ 영유아 보육 지원 사업
추가 토의 - 보편복지, 선별 복지 무엇이 올바른 선택인가?

토의 활동 평가서

작성자 _____

· 토의 활동 후 본인 자신과 모둠원에 대한 토의 참여도를 다음 기준에 맞추어 평가해 보세요.
(5-上 / 4-中上 / 3-中 / 2-中下 / 1-下)

평가 항목 ＼ 이름	본인	모둠원 1	모둠원 2	모둠원 3	모둠원 4
사전준비 : 자료 충실 적합성					
내 용 : 구체성 분석력					
발표전달 : 논리 일관성 효과성 흥미성					
태 도 : 듣는 태도 상호 작용					
합계					

* 참고 **Expert Groups**, https://noisyclassroom.com

03 열린 토론

활동 목표
듣기·말하기, 발표, 토의·토론이 결합된 활동으로
비판적·분석적 사고력과 문제 해결 능력을 기르는 연습,
구성원 간의 협업 능력을 기르는 연습

진행 방법

1. 교사는 찬반 토론이 가능한 논제를 설정해 학생들에게 주제를 설명한
   다. 설명 후 사전 투표 방식으로 학생들의 찬성, 반대 의견을 확인한다.
2. 사전 투표 방식은 찬성, 중립, 반대의 3가지로 하게 한다.
3. 찬성, 중립, 반대 학생들이 고루 섞이는 5~6인의 모둠을 구성하도록
   하여 각각의 입장을 이야기하는 1차 브레인스토밍 토의를 한다.
4. 1차 브레인스토밍 토의가 끝나고 나면 학급 전체가 모여 찬성 의견과
   반대 의견의 전문가 스피치를 듣는다. 전문가 스피치 진행은 다음 3가
   지 방법으로 가능하다.
   · 미리 정한 학생 대표 2인이 찬성, 반대 설득 스피치를 하는 방법

• 교사가 양측의 입장에서 보다 자세하게 설명하는 방법

• 주제와 관련된 설득 스피치 영상 자료를 보여주는 방법 **(활동 자료** 참고)

5. 양측의 전문가 스피치를 들은 후 중간 투표를 한다. 중간 투표에서 의견이 바뀐 학생들의 이유를 듣는다.

6. 모둠별로 다시 모여 2차 토의를 진행한다.

7. 2차 토의 후, 마지막으로 최종 투표를 한다. 마찬가지로 의견이 바뀐 학생들의 설명을 듣는다.

1. 논제 : 남한산성에 갇힌 인조는 성을 지켜야 하는가, 항복해야 하는가?

전문가 스피치 영상 자료 - 설민석 남한산성 강의

https://www.youtube.com/watch?v=S7chFxOeRBY

2. 논제 : 소년법 개정해야 하는가?

전문가 스피치 영상 자료 - KBS 시민의회 1회 소년법 개정

http://search.kbs.co.kr/?keyword=%EC%8B%9C%EB%AF%BC%EC%9D%98%ED%9A%8C

3. 논제 : 낙태죄 폐지해야 하는가?

전문가 스피치 영상 자료 - KBS 시민의회 2회 낙태죄 폐지

http://search.kbs.co.kr/?keyword=%EC%8B%9C%EB%AF%BC%EC%9D%98%ED%9A%8C

보충 자료

공론화 모델

최근 들어 사회적 갈등 상황이 발생했을 때 갈등을 관리하고 사회통합이 가능한 정책 방향을 설정하기 위한 방법으로 공론화 절차를 시행하는 경우가 많이 있다.

공론화란 '특정 사회적 이슈에 대한 의견 수렴 과정'이다. 다시 말해 특정 공공정책이 초래하는 혹은 초래할 사회적 갈등에 대한 해결책을 모색하는 과정에서 이해관계자, 전문가, 일반 시민 등의 다양한 의견을 민주적으로 수렴하여 공론을 형성하는 것으로서 정책 결정에 앞서 행하는 의견수렴 과정을 의미한다. 즉 공론화란 '시민 참여형 의사결정 방법의 하나'인 것이다.

공론화를 진행하는 과정은 사안에 따라 차이는 있으나 크게 다음의 단계를 거친다.

[1차 조사 - 시민 참여단 구성 - 시민 참여단 숙의 과정 - 최종 조사]

최근 가장 관심을 끌었던 공론화 경우는 2017년 8월부터 10월까지 진행되었던 신고리 5 · 6호기 공론화 과정이었다. 이 경우 1차 조사는 지역, 성별, 연령을 고려하여 선발된 2만여 명의 시민이 참여하였고, 1차 조사 응답자 중 숙의 과정에 참여 의사가 있는 시민 500명이 시민 참여단으로 참여하였다. 시민 참여단은 자료집을 숙지하고 이를 바탕으로 충분한 학습과 토의가 이루어지도록 하였으며, 전문가와 이해관계자들의 스피치를 청취하였고, 토론을 통해 충분한 숙의 과정이 이루어질 수 있도록 진행되었다. 이 모든 과정을 거친 후 최종 조사를 통해 결과를 도출해 내었다. 이러한 공론화 모델은 한국형 숙의 민주주의의 좋은 시도로 여겨지고 있다.

위에 제시한 열린 토론 모델은 공론화 과정 중 '시민 참여단 숙의 과정'을 변형한 것이다. 최근 이와 유사한 형태로 '시민의회'(KBS), '이슈 배틀'(중앙일보), '오픈 스페이스 토론' 등의 이름으로 진행되고 있다.

* 참고 : 신고리 5 · 6호기 공론화 위원회 http://www.sgr56.go.kr/npp/index.do

수업 적용 예시
- 그리스 · 로마 문명 이해하기

교과의 특성에 따라 적절한 토의 · 토론 활동 찾기,
토론 방법을 단계별로 적용하여 수업 내용을 구성하는 연습

〈 수업 주제 : 역사 수업 - 그리스 · 로마 문명 이해하기[1] 〉

* 역사 또는 문화사 관련 강좌에서 구체적인 한 시대에 대한 수업을 진행하는 경우 교사의 일방적인 강의가 아닌 학생들의 참여 수업으로 진행할 수 있는 한 가지 예시를 제시하면 다음과 같다. 우선 그 시대와 연관된 생각거리, 토의, 토론 주제 등을 도출해 낸 후 이를 다양한 활동 방식으로 진행해 나가면 보다 활발한 수업을 기대할 수 있다. '그리스 · 로마' 시대에 관련된 수업의 경우 다음의 방식들을 단계별로 적용해 나갈 수 있다.

---

1) Alfred Snider & Maxwell Schnurer, *Many sides, Debate across the curriculum*, International debate education association, 2002, 76쪽.

1) 질문 만들기 토의

- 수업 주제인 그리스 · 로마 문명에 대해 쉽게 접근하는 생각 열기 활동
- 참고 III. 토의 / 4. 질문 만들기

▶ '서양 문화의 요람으로서의 그리스 · 로마 문명'에 대한 짧은 강의 후 질문 만들기 토의를 진행한다. 학생들이 만든 질문들을 정리하여 추후 다른 형식의 토의, 토론 주제로 사용할 수 있다.

2) 역할 놀이 토의 + 모두 참여 토론

- 그리스 민주주의 개념을 쉽게 접하고 모든 학생들이 참여할 수 있는 활동 기회 제공
- 참고 II. 토의 / 5. 역할 토의 + IV. 토론 / 1. 모두 참여 토론

▶ 소크라테스의 재판 상황을 역할 놀이 토의로 진행
▶ 역할 놀이 토의 진행 후
'악법도 법인가?', '법에 복종하지 않는 행동도 이성적 행동일 수 있는가?'에 대해 모두 참여 토론을 진행한다.

3) 협동 학습 토의

- 그리스 · 로마의 역사와 문화에 대한 학생 주도적 학습 기회 부여
- 참고 V. 종합 모델 / 2. 협동 학습 토의

▶ 4인 1조의 모둠을 구성한 후 4명의 학생들이 각기 [① 그리스의 탄생과 역사 ② 그리스 문화의 특징 ③ 로마의 탄생과 역사 ④ 로마 문화의 특징]을 조사해 오게 한 후 협동 학습 토의를 진행한다.

4) 크로스 토론

- 그리스 시대의 대표적인 상반된 국가 체제를 비교해 봄으로써 정치체
  제의 특성 이해
  학생들이 두 체제의 장단점을 모두 학습할 수 있도록 크로스 토론을
  진행함
- 참고 IV 토론 / 9. 크로스 토론

▶ 토론 주제 : 아테네의 민주주의 방식 vs 스파르타의 군국주의 방식, 무엇이 더 적합한가?

5) 퍼블릭 포럼 토론

- 찬반 주장이 가능한 논제에 대한 토론을 통해 역사에 대한 이해도를
  높임
  학급 환경에 따라 다른 형식의 토론 대회 방식을 채택할 수도 있음
- 참고 IV. 토론 / 11. 토론 대회 방식 활동

▶ 토론 주제 : 군사력을 바탕으로 한 로마의 유럽 통합은 인류 역사의 축복인가, 재앙인가?

6) 설득 스피치 or 경쟁 스피치

- 그리스 · 로마 문명의 연장선상에서 현재 우리가 생각해 볼 수 있는
  문제에 대해 학습
- 참고 II-3 말하기-설득하기 / 2. 철학적 명제를 논하라 or II-4. 말하
  기-종합 / 2. 경쟁 스피치

▶ 토론 주제 : 세계화는 개발도상국에 있어 재앙인가, 희망인가?

05 ▶ 수업 적용 예시
- AI 시대에 읽는 『프랑켄슈타인』

교과의 특성에 따라 적절한 토의·토론 활동 찾기,
토론 방법을 단계별로 적용하여 수업 내용을 구성하는 연습

〈 수업 주제 : 문학수업 - AI 시대에 읽는 『프랑켄슈타인』 〉

* 문학 관련 강좌에서 구체적인 한 작품에 대한 수업을 진행하는 경우 학생 참여로 수업을 진행할
 수 있는 예시로 『프랑켄슈타인』을 제시하면 다음과 같다.

영화 등을 통해 우리에게 잘 알려진 '프랑켄슈타인'의 원작은 1818년 영국의 여성 작가 Mary
Shelley의 소설로, 원제목은 『프랑켄슈타인, 현대의 프로메테우스 (Frankenstein, The Modern
Prometheus)』이다. 이 작품은 과학기술이 야기하는 사회적, 윤리적 문제를 다룬 대표적인 소설
로 21세기를 사는 현재의 우리들에게 많은 질문거리를 제공해 주는 소설이다.

---

1) 능동적 듣기 - 데칼코마니

- 수업 주제인 '프랑켄슈타인'에 대해 쉽게 접근하는 생각 열기 활동
- 참고 I. 듣기 / 3. 능동적 듣기-데칼코마니

▶ '프랑켄슈타인' 하면 떠오르는 이미지를 그려보도록 한다. 한 학생이 다음의 프랑켄 슈타인에 대한 묘사를 읽어주고 다른 학생이 듣고 그림으로 그리도록 한다.

· 몸집은 거대하기 짝이 없어서 키가 보통 사람의 1.5배는 족히 넘어 보입니다.
· 침대보를 찢어 대충 몸에 걸치고 있습니다.
· 멍한 표정을 짓고 있습니다.
· 팔뚝에는 날카로운 유리 조각에 다친 흉터가 있습니다.
· 피부는 조각조각 이어져 거칠어 보입니다.
· 누런 빛깔의 커다란 두 눈으로 상대를 바라봅니다.
· 마치 어린아이가 눈, 코, 입 등을 제멋대로 그려 놓은 듯합니다.

2) 참, 거짓, 글쎄?

- 학생들이 책의 내용을 읽고 정확하게 이해하였는지 확인하는 활동
- 참고 I. 듣기 - 8. 참, 거짓, 글쎄?

▶ 다음의 지문을 읽어주고 주어진 10가지 질문의 내용이 참, 거짓 또는 확인 불가능 한 것인지 답하도록 한다.

게다가 사냥을 나갔다가 주운 가죽 가방에서 책 세 권을 발견하게 된 것도 그즈음의 일이었소. 그 책들은 마침 내가 배운 언어로 씌어 있었는데, 제 목은 『실낙원』, 『영웅전』, 『젊은 베르테르의 슬픔』이었소. 그 책들은 나 에게 보물과도 같았소. 나는 베르테르의 상상력에서 실망과 우울을 배웠 소. 또한 플루타르코스의 『영웅전』은 고상한 사상과 과거 영웅들에 대한

사랑을 가르쳐 주었소. 그중 가장 깊은 감동을 받은 것은 『실낙원』이었소.
자신이 만든 피조물들과 싸우는 신의 모습을 보고 나는 내 상황과 비교해
보지 않을 수 없었소.

* 다음의 진술이 참이면 T, 거짓이면 F, 확인 불가능한 것이면 ? 로 답하시오

① 책들은 괴물에게 보석과도 같았다.
② 괴물은 책 세 권을 사냥에서 주웠다.
③ 책은 영어로 쓰여 있다.
④ 괴물은 베르베르의 상상력에서 실망을 배웠다.
⑤ 가죽 가방을 열어 책을 꺼냈다.
⑥ 영웅전의 제목은 플루타르코스이다.
⑦ 괴물은 사냥을 하였다.
⑧ 신은 자신이 만든 피조물과 싸웠다.
⑨ 『실낙원』은 괴물이 가장 깊은 감동을 받은 책이다.
⑩ 주운 가죽 가방에서 『삼국지』의 영웅에 대해 배웠다.

정답: ① F ② T ③ ? ④ F ⑤ ? ⑥ F ⑦ ? ⑧ T ⑨ T ⑩ F

3) 스토리 기차

- 작품의 주요 키워드를 제시하여 주고 키워드를 중심으로 전체 줄거리
  를 재구성해 보게 하는 연습을 통해 작품에 대한 이해도를 높임
- 참고 II-1. 말하기 기본 / 5. 강제 결합 말하기-스토리 기차

▶ 다음에 주어진 여섯 단어를 사용하여 스토리를 완성하시오

• 예시 1 [잉골슈타트 / 생명 창조 / 도피 / 살해 / 금기 / 죽음]

빅터는 엘리자베스를 두고 연구를 하러 헨리와 함께 대학으로 떠나 **잉골슈타트**로 갔다.
교수에게 새로운 과학의 영감을 받아 번개와 자신의 살을 이용해 **생명을 창조**하려 계획했다.
빅터는 자신이 **창조**한 피조물의 형상이 흉측해, 버리고 **도피**한다.

피조물이 윌리엄을 **살해**하고 떠나자 빅터는 사실을 밝혀야 할지 고민한다.
빅터는 피조물의 부탁으로 한 번 더 **금기**에 도전하다 포기한다.
빅터가 자신의 이야기를 하다 **죽고** 괴물은 창조주를 찾아온다.
월턴은 자신이 겪은 것을 동생에게 편지로 쓴다.

· **예시 2** [유학 / 호기심 / 괴물 / 갈등 / 협박 / 포기]

빅터는 사랑하는 엘리자베스와 헤어지고 친구 헨리와 잉골슈타트로 **유학**을 간다.
괴짜 크렘페 교수로부터 수업을 들으며 생명 창조에 **호기심**이 생긴다.
비가 오는 날 번개를 이용하여 생명을 만들지만 흉측한 모습에 놀라 **괴물**을 버리고 도망친다.
괴물이 주변 사람들을 죽이자 죄책감을 느끼며 사실을 밝혀야 하나 **갈등**한다.
괴물은 빅터를 원망하고 친구를 만들어 달라고 **협박**한다.
북극 탐험에 고전하던 월턴은 빅터에게 괴물 이야기를 듣고 북극 탐험을 **포기**하고 귀환한다.

4) 단어 설명하기

 - 작품의 주요 키워드를 제시하여 주고, 키워드를 설명의 기법을 사용
   하여 설명해 보게 함으로써 작품에 대한 이해도를 높임

 · 『프랑켄슈타인』 초판의 부제목은 '현대의 프로메테우스'이다. 부제
   목에서 드러나고 있듯이 이 작품은 신화적 관점에서의 해석이 가능
   하다. 여기서는 이러한 부분에 대한 이해를 도울 수 있는 단어들을
   중심으로 활동을 진행한다.

 - 참고 II-2. 말하기-설명하기 / 4. 단어 설명하기

▶ 신화적 해석 측면에서 찾을 수 있는 『프랑켄슈타인』 주요 키워드는 다음과 같다.
   다음의 키워드들을 설명의 기법 중 세 가지를 사용하여 설명하시오.

 · 번개 – 제우스의 상징, 책에서는 번개의 힘으로 생명을 창조한다.

- 괴물 – 주인공 빅터가 창조한 괴물. 핼러윈 데이 분장을 하고 있다.
- 벌 – 제우스가 프로메테우스에게 내린 벌. 독수리에게 계속 간을 쪼아 먹힌다.
- 불 – 프로메테우스가 제우스에게서 훔쳐 인간에게 준 선물이다.
- 이름 – 이름이 없는 괴물이 존중받지 못해서 분노가 표출된 것이 주된 사건이다.

  ○ 〈예시〉 '번개'
     설명의 기법, 정의 : 번개는 하늘에서 번쩍하는 불빛이다.
     설명의 기법, 묘사 : 번개는 노란색이고 지그재그 모양이고 끝은 뾰족하다.
     설명의 기법, 비교 : 제우스는 번개를 힘의 상징으로 자유자재로 사용하지만, 빅터는 번개를 자
                연적으로 내릴 때까지 기다렸다가 사용하였다.

5) 카드 뉴스를 활용한 원탁 토의

- 작품의 주요 주제에 대한 자유로운 의견 교환을 통해 작품에 대한 이
  해도를 높이고 타인의 의견을 듣고 수용하는 훈련
- 참고 III. 토의 / 3. 원탁 토의

▶ 원탁 토의 주제 – 과학자의 책임은 어디까지인가

- 주제 설명 : 빅터 프랑켄슈타인은 호기심에서 시작하여 연구와 실험으로 생명을 창조했지만 흉
  측한 외모에 놀라 자신이 만든 피조물에 책임을 지지 않는다.

- 보충 자료 : 카드 뉴스 '자연재해 공포에 과학자가 할 일은?', 헬로디디, 2015. 04. 12.

빅터 프랑켄슈타인의 상황과 카드 뉴스 내용을 바탕으로 5–6명의 학생들로 모둠을 구성해 토의하
시오. 모둠별 토의가 끝난 후 모둠별로 토의 내용에 대해 발표하시오.

6) 동서남북 토의 + 소크라틱 세미나

- 작품의 주요 주제에 대한 자유로운 의견 교환을 통해 작품에 대한 이
  해도를 높이고 타인의 의견을 듣고 수용하는 훈련
- 참고 III. 토의 / 7. 동서남북 토의 + 8. 도넛 토의-소크라틱 세미나

▶ 원탁 토의 주제 - 과학자의 책임은 어디까지인가

1 모둠 : 과학자의 책임은 **창조**까지이다.
2 모둠 : 과학자의 책임은 **실용화** 과정까지이다.
3 모둠 : 과학자의 책임은 최초 **발명**까지이다.
4 모둠 : 과학자의 책임은 **예측**까지이다.

학생들을 창조, 실용화, 발명, 예측의 4그룹으로 나누어 동서남북 모둠별 토의를 진행한다. 모둠별 토의가 끝난 후 전체 학생이 도넛 모양으로 두 원으로 앉아 소크라틱 세미나 형식의 토의를 진행한다.

7) 주장-논거-논거 보강 (ARE) 연습 + 3 : 3 토론

- 찬반 주장이 가능한 논제에 대한 토론을 통해 작품에 대한 이해도를 높임
- 참고 IV. 토론 / 4. 주장-논거-논거 보강 구성 연습 + 7. 3 : 3 토론

▶ 토론 주제 :
· 『프랑켄슈타인』에서 괴물은 빅터 박사인가, 그가 만든 피조물인가?
· 빅터 프랑켄슈타인 박사가 만든 피조물은 인간인가, 인간이 아닌가?

▷ 위의 논제에 대해 자신의 입장을 정하고 자신의 입장을
   주장 (Assertion) - 논거 (Reasoning) - 논거 보강 (Evidence)의 순으로 정리하시오.

·예시 1

주장 - 『프랑켄슈타인』에서 괴물은 빅터 박사이다.
논거 - 빅터는 창조자로서의 책임감이 없다.
논거 보강 - 빅터는 자신의 지적 호기심을 위해 만든 피조물을 외모가 흉측하다는 이유로 버렸
            다. 그는 피조물에게 도덕적 개념을 가르치지 않아 윌리엄과 저스틴을 죽게 만들
            었다.

·예시 2

주장	– 프랑켄슈타인 박사가 만든 피조물은 인간이다.
논거	– 피조물에겐 사람에게 있는 언어 구사 능력과 학습능력, 다양한 욕구가 있다.
논거 보강	– 피조물은 『실낙원』 등의 책을 통해 학습하였고, 식욕, 지식욕, 관계 맺음에 대한 욕구가 있다.

▷ 주장-논거-논거 보강을 구성하는 연습을 한 후 이를 바탕으로 3 : 3으로 모둠을 구성해 찬반 토론을 진행한다.

8) 반론의 4단계 구성 연습 + 크로스 토론

- 찬반 주장이 가능한 논제에 대한 토론을 통해 작품에 대한 이해도를 높임
- 참고 IV. 토론 / 5. 반론의 2단계, 4단계 구성 연습 + 9. 크로스 토론

▶ **토론 주제 – 괴물의 요구는 정당한가?**

(내용 발췌) '괴물을 하나 더 창조해야 한다고? 여자 괴물을? 과연 그게 가능한 일일까? 무엇보다 먼저 여자의 살점을 구해야 할 텐데, 대체 누구한테 살점을 도려내 달라고 부탁한단 말인가!? 엘리자베스에게? 그건 도저히 할 수 없는 일이야.' (중략) '아무리 생각해 봐도 또 다른 괴물을 창조하는 일은 내키지가 않았다. 그러나 한편으로는, 자신의 요구만 들어주면 영원히 눈앞에서 사라지겠다던, 즉 자기의 짝만 만들어 주면 그녀와 함께 떠나 다시는 나타나지 않겠다던 괴물의 말이 귓가에 계속 맴돌았다.

▷ 위의 주제에 대해 자신의 입장을 정하고 상대의 입장에 반론할 수 있도록 반론의 4단계(확인-반론 – 근거와 증거 – 그러므로)를 구성해 본다.

• **예시**

1단계 – **상대 팀이 말하기를** "괴물의 요구는 정당하다"라고 말씀하셨습니다.

2단계 – **하지만** 우리는 괴물의 요구는 정당하지 않다고 생각합니다.

3단계 – **왜냐하면** 괴물의 요구는 괴물의 지나친 욕심이고 이기심이기 때문입니다.
괴물은 현재 어디에서도 환영받지 못하고 있으며 사람들과 어울려 살지도 못합니다. 자신의 이런 상황을 잘 알고 있으면서 똑같이 하나를 더 만들어 달라는 것은 불행한 이를 또 만들어 달라는 것입니다.

4단계 – **그러므로** 괴물의 요구는 정당하지 않은 요구입니다.
괴물은 자신의 행복만을 바라고 새 생명의 입장을 배려하지 않은 것이므로 정당하지 않

다고 생각합니다.

▷ 반론 구성 연습을 한 후 학생들이 괴물의 요구가 정당하다는 입장과 정당하지 않다는 양측의 입장을 모두 생각해 볼 수 있도록 크로스 토론을 진행한다.

9) 토론 대회 방식 활동

- 찬반 주장이 가능한 논제에 대한 토론을 통해 작품의 이해도를 높임
- 참고 IV. 토론 / 11. 토론 대회 방식 활동

▶ 토론 주제
- 로봇 시대는 인류에게 축복이다.
- 유전자 조합 맞춤 아기를 허용해야 한다.

▷ 『프랑켄슈타인』의 연장선상에서 오늘날의 시점에서 생각해 보아야 할 토론 논제를 정해 찬반 토론을 진행한다. 진행 방식은 여러 가지 토론 대회 방식 중 수업 환경에 적합한 방식을 선택해 진행한다.

VI. 부록

I. 토의 주제 목록

좋은 친구가 되는 방법은?

인싸 되는 1순위 조건은?

셀카가 가장 잘 나오는 포즈는?

성공률이 가장 높은 사랑 고백법은?

모임에서 존재감 살리는 연출 방법은?

스트레스 해소에 가장 좋은 방법은?

정신력으로 육체를 지배하는 방법은?

물을 아껴 쓰는 방법은?

길고양이를 도와주는 방법은?

길에서 바지 엉덩이가 빡! 터졌을 때 어떻게 할 것인가?

4명이 케이크를 똑같이 나누어 먹는 방법은?

유튜브 크리에이터가 된다면 어떤 아이템이 좋을까?

만약 산타가 된다면 전 세계 어린이에게 어떻게 선물을 나눠줄 것인가?

엄마 몰래 산 물건 걸렸을 때 대처법은?

몰래 데이트를 들켰을 때 대처법은?

돈 안 드는 가장 좋은 취미생활은?

아이돌과의 저녁 식사를 경매한다면 얼마에 낙찰될 것인가?

내일 지구가 멸망한다면 오늘 꼭 해야 할 일은?

가장 갖고 싶은 최고의 초능력은?

만 원을 가장 효율적으로 쓰는 방법은?

하루 동안 투명 인간이 된다면 무엇을 하겠는가?

비행기 티켓을 싸게 구입하는 방법은?

에어비앤비 효과적으로 등록하는 방법은?

코끼리를 냉장고에 넣는 방법은?

교실을 콩으로 모두 채우려면 콩알이 몇 개 필요할까?

대한민국에서 하루에 팔리는 자장면은 몇 그릇일까?

대한민국에서 하루에 양말을 두 번 갈아 신는 사람은 몇 명일까?

2. 카드 뉴스를 활용한 토의 주제 목록

기사 제목	출 처	
'핀란드의 100배? 건네주면 벌금 300만 원'	아시아투데이	2019. 01. 28.
'반려동물과 해외여행 갈 때 지켜야 할 수칙'	헬스경향	2019. 01. 27.
'전화로 폭언한 경우, 폭행죄에 해당할까?'	시선뉴스	2019. 01. 26.
'동상이몽 – 명절 편'	여성신문	2019. 01. 26.
'비타민 캔디, 그 달콤한 유혹. 비타민 챙기려다 비만 된다?'	연합뉴스	2019. 01. 29.
'사교육 시장의 오해와 진실'	한경비즈니스	2019. 01. 29.
'나이 들면서 하지 말아야 할 것들. 나이 든 티 내지 마세요.'	아시아투데이	2019. 01. 29.
'학생 없는 학교, 이대로 괜찮을까'	전북일보	2019. 01. 28.
'Work Together'	웰페어뉴스	2019. 01. 28.
'주휴수당이 뭐길래. 최저임금제의 핫 이슈가 되고'	고용노동부	2018. 12. 28.
'멸종 위기에 처한 새들을 지키기 위한 카드 뉴스'	국립생태원	2018. 12. 22.
'포장 쓰레기'	머니투데이	2019. 01. 25.
'일회용 컵 안 쓰니 카페 알바생들은 일이 더 많아졌대'	프라임경제	2019. 01. 24.
'명품 차부터 명품 백까지. 과시적 SNS 게시물, 그 이유는'	연합뉴스	2019. 01. 25.
'여자 경찰 되기 어려워지나. 체력 검정 강화 움직임'	뉴스투데이	2019. 01. 25.
'사회에 발도 못 디뎠는데 이미 채무자, 어쩌나'	뉴스웨이	2019. 01. 24.
'스카이캐슬 그거? 홍게 올린 죽 등 드라마 속 갑툭튀 PPL'	한국스포츠경제 2019. 01. 24.	
'유니세프와 함께하는 모유 수유 권장사업'	Unicef champions 2018. 12. 15.	
'도와줘야 한다. vs 그럴 필요 없다. 그랜드캐니언 추락사고 당신의 선택은'	글로벌이코노믹 2019. 01. 25.	

* 포털에서 '카드 뉴스'를 검색하면 시의적절한 주제를 선택할 수 있음

3. 바로 할 수 있는 즉흥 토론 논제 목록

양자택일 즉흥 논제

부먹	vs 찍먹	– 탕수육은 소스를 부어먹어야 하는가? 찍어 먹어야 하는가?
면	vs 스프	– 라면 끓일 때 면부터 넣어야 하나? 스프부터 넣어야 하나?
짜장면	vs 짬뽕	– 중국집의 대표 음식은 짜장면인가? 짬뽕인가?
소시지	vs 핫 바	– 휴게소의 대표 음식은 소시지인가? 핫 바인가?
배트맨	vs 슈퍼맨	– 배트맨과 슈퍼맨이 싸우면 누가 이길까?
개	vs 고양이	– 반려동물로 개가 적합한가? 고양이가 적합한가?
한글	vs 숭례문	– 국보 1호로는 한글이 적합한가? 숭례문이 적합한가?
야구	vs 축구	– 한국을 대표하는 스포츠는 축구인가? 야구인가?
단추	vs 지퍼	– 단추가 편리한가? 지퍼가 더 편리한가?
치킨	vs 피자	– 야식으로는 치킨이 적합한가? 피자가 적합한가?
산	vs 바다	– 가족 휴가지로는 산과 바다 중 어디가 더 적합한가?
만화책	vs 동화책	– 만화책보다는 동화책이 더 유익한가?
책	vs 텔레비전	– 책 읽기와 텔레비전 보기 중 무엇이 더 흥미로운가?
아파트	vs 단독주택	– 아파트와 단독주택 중 어디가 더 살기 좋은가?
편하게	vs 세련되게	– 옷은 편하게 입어야 하는가? 세련되게 입어야 하는가?
스티브 잡스	vs 빌 게이츠	– 스티브 잡스와 빌 게이츠 중 누가 더 창의적인가?

행복 관련 즉흥 논제

행복은 마음가짐인가, 조건인가?

동물원 원숭이, 야생 원숭이 누가 더 행복한가?

날씬한 몸매와 맛있는 음식 중 어느 것이 더 행복한가?

선진국의 중산층, 후진국의 부유층 중 어떻게 태어나는 것이 더 행복한가?

10억 원 받고 대머리로 사는 삶과 그냥 사는 삶 중 어느 것이 더 행복한가?

동화, 옛이야기 관련 즉흥 논제

베짱이의 삶은 바람직한가?

나무꾼이 선녀의 옷을 훔친 것은 잘못인가?

아기돼지 삼 형제를 공격한 늑대의 행동은 정당한가?

심청이는 효녀인가?

홍길동은 유죄인가?

춘향의 사랑은 순수한가? 세속적인가?

흥부와 놀부 중 누구의 삶이 더 바람직한가?

톰과 제리 중 누가 갑인가?

로미오와 줄리엣의 부모는 아이들의 죽음에 책임이 있는가?

속담 관련 즉흥 논제

아는 게 힘 vs 모르는 게 약

서당 개 삼 년이면 풍월을 읊는다. vs 쇠귀에 경 읽기

콩으로 메주를 쑨대도 못 믿는다. vs 팥으로 메주를 쑨대도 곧이듣는다.

4. 일반적인 찬반 토론 논제 목록

All around 찬반 토론 논제
적극적 안락사 허용해야 한다.
사형제도 폐지해야 한다.
낙태죄 폐지해야 한다.
동성 간 결혼 합법화해야 한다.
난민을 받아들여야 한다.

학교, 교육 관련 논제

· 학교 일반

학교 규칙은 학생이 정해야 한다.

교복은 폐지되어야 한다.

스승의 날을 폐지해야 한다.

학교의 교장은 학생들이 뽑아야 한다.

반장과 같은 학급 임원 선출은 금지되어야 한다.

각 교실마다 CCTV를 설치해야 한다.

초등학생에게 시험이 필요하다.

학교에서 경쟁 스포츠를 하면 안 된다.

초등학교 교원 선발에 있어 양성평등 채용 목표제를 도입해야 한다.

· 중 · 고등학교

고등학교 학생들의 화장을 금지해야 한다.

학교에서 성적에 의한 분반 수업 폐지해야 한다.

고등학교에서 커피 판매해야 한다.

인성교육을 중·고등학교 수업에 포함해야 한다.

중·고등학교 학생 자원봉사 활동 점수제도 폐지해야 한다.

교육감 선거 투표권을 고등학생들에게 주어야 한다.

학원 교습 시간제한 폐지해야 한다.

학생부 종합 전형 대폭 축소해야 한다.

- **대학교**

대학 등록금은 무상이어야 한다.

대학에서 전공을 폐지해야 한다.

상대평가 방식을 절대평가로 바꾸어야 한다.

강의 노트의 저작권은 학생에게 있는가, 강의자에게 있는가?

대학교 필수 수강과목 폐지해야 한다.

미션 스쿨의 종교 수업 강제해서는 안 된다.

성적 장학금 제도 폐지해야 한다.

대학에서 출석은 점수에 반영하지 말아야 한다.

법, 제도 관련 논제

징벌적 손해배상제도 도입해야 한다.

주취 감형 제도 폐지해야 한다.

소년법 적용 연령 하향해야 한다.

65세 이상 노년층의 지하철 무료 승차 폐지해야 한다.

고령 운전자 운전면허 반납해야 한다.

의무 투표제 실시해야 한다.

선거권을 18세로 낮추어야 한다.

소득 비례 차등 벌금제도 도입해야 한다.

로또사업 폐지해야 한다.

비의료인의 문신 시술 허용해야 한다.

청와대 국민청원 폐지해야 한다.

여성부 폐지해야 한다.

우버 택시 도입해야 한다.

노인 연령을 70세 이상으로 상향해야 한다.

여성 숙직 의무화해야 한다.

금융권 생체 인증 제도 허용해서는 안 된다.

경제 관련 논제

임금 피크제 도입해야 한다.

블라인드 채용 방식 확대해야 한다.

최저임금 인상하지 않아도 된다.

주 52시간 근무제 폐지해야 한다.

대형마트 의무휴업일 규제 폐지해야 한다.

대기업의 SSM 진출 규제해야 한다.

병역 관련 논제

스포츠 선수 병역 특례 폐지해야 한다.

모병제 도입해야 한다.

군 가산점 제도 도입해야 한다.

대체 복무 제도 폐지해야 한다.

BTS를 병역면제 해주어야 한다.

환경 관련 논제

GMO 농산물의 생산을 금지해야 한다.

비닐봉지 사용을 전면 금지해야 한다.

원자력 발전 중단해야 한다.

지역 관광산업을 위한 자연 개발은 필요하다.

온실가스 배출권 거래제를 폐지해야 한다.

동물 관련 논제

동물세 부과해야 한다.

동물실험 중단해야 한다.

유기견의 안락사 금지해야 한다.

동물원은 없어져야 한다.

과학 관련 논제

로봇세를 도입해야 한다.

로봇은 일자리 파괴인가, 고령화의 대안인가?

유전자 조합 맞춤 아기를 허용해야 한다.

인간 유전자에 특허권을 부여해야 한다.

스포츠 관련 논제

축구는 남녀 혼성팀으로 진행해야 한다.

e-sports를 올림픽 종목으로 채택해야 한다.

메달리스트에 국가연금 지급을 중단해야 한다.

야구장 음주 규제해야 한다.

KBO FA 상한제 실시해야 한다.

방송, 연예, 인터넷 관련 논제

연예인의 도덕성 논란에 대한 대중의 비난은 정당하다.

방송사 가요 심의 제도 폐지해야 한다.

지상파 방송 중간 광고 허용하지 말아야 한다.

OTT 서비스 규제해야 한다.

드라마 속 PPL 규제 강화해야 한다.

유튜브의 노란 딱지 제도를 강화해야 한다.

가치 토론 논제

화장은 시선의 노예인가? 개인의 취향인가?

모기를 살생하는 것은 옳은 일인가?

착한 거짓말은 해도 되나?

차별을 없애기 위해 역차별하는 것은 필요하다.

개천에서 용 나는가?

아이들에게 경쟁은 필요한가?

생명체가 아닌 것과 친구가 될 수 있는가?

이성 간의 우정은 사랑인가?

결혼은 미친 짓인가?

사랑하지 않는 20대 유죄인가? 무죄인가?

음악과 소음은 구별할 수 있는가?

왕족을 유지하는 것은 적절하지 않다.

투우는 동물 학대인가? 문화유산인가?

글쓰기는 선천적 능력인가? 후천적 학습의 결과인가?

사람은 자신이 좋아하는 일을 해야 하나? 자신이 잘하는 일을 해야 하나?

5. 토론의 꿀팁

5-1. 토론을 통해 키울 수 있는 능력

- 자료 찾는 능력
- 방송 매체, 신문 기사 등을 이용하는 능력
- 글을 읽고 쓰는 능력
- 논리적 사고 능력
- 자신의 주장의 근거를 만드는 능력
- 요약하고 키워드를 뽑을 수 있는 능력
- 공적 말하기 능력
- 무대 예절

* 참고 https:www.natcom.org

5-2. 토론을 하는 동안 스스로 생각해 보아야 할 사항들

- 우리가 이것을 해야만 하는 또는 하지 말아야 하는 가장 중요한 이유는 무엇인가?
  (우리가 해결해야만 하는 문제인가?, 우리가 지켜야만 하는 원칙인가?)
- 다른 장점 또는 단점은 무엇인가? (가격 하락, 위험성 감소 등)
- 실용적인 측면에서 어떠한가? (가격, 시간 등)
- 원칙적인 측면에서 어떠한가? (인권, 평등, 정의 등)
- 이로 인해 영향을 받는 사람들은 누구이며 (정부, 부모, 학생, 소수자, 경찰 등) 이들에게 이익이 되는가?
- 이것에 적합한 최근 뉴스는 무엇이 있는가?
- 다른 예시로는 무엇이 있는가?

* 참고 https://noisyclassroom.com

5-3. 반론을 펼 때 생각해 보아야 할 사항들

· 왜 지금, 왜 우리가 해야 하는가?
· 최근의 경향은 어떠한가?
· 보다 더 중요한 이슈는 없는가?
· 우리가 이 문제를 일반적인 차원에서 다룰 수 있는가?
· 자유가 침해되는가, 안전이 침해되는가?
· 한쪽으로 치우친 것은 아닌가, 다른 쪽을 고려하지 못하고 있는 것은 아닌가?
· 신빙성이 있는가?

* 참고 https://noisyclassroom.com

5-4. 반론 시 사용할 수 있는 유형

1. 우리는 상대측 주장에 동의하지 않습니다.

주장 - 국민을 보호하는 것은 국가의 의무입니다.
반론 - 아닙니다. 국가는 외적인 위험으로부터 국민을 보호할 의무가 있습니다.
　　　　그러나 국민 개개인은 자신의 행동에 책임을 지고 스스로를 보호해야 합니다.

2. 상대측 주장은 기본적으로 사실이 아닙니다.

주장 - 우리는 지구 온난화를 막기 위해 탄소 배출을 줄여야 합니다.
반론 - 지구 온난화는 자연 현상입니다. 탄소 배출이 기후변화에 영향을 미친다는 직접적 증거는 없습니다.

3. 상대측 주장은 논리적으로 옳지 않습니다.

주장 - 교육비를 늘리면 성적이 오를 것입니다.
반론 - 교육비 증가와 성적 상승의 관계에 대해 상대측은 구체적 연관성을 제시하지 않았습니다.

4. 상대측 주장은 현실에서는 가능하지 않습니다.

주장 - 화석 연료를 전면 금지해야 합니다.
반론 - 현재의 대체에너지로는 에너지 수요를 충족할 수 없습니다. 상대측 주장은 현실적으로 불가능합니다.

5. 상대측 주장은 의미가 없습니다. / 더 중요한 이유가 있습니다.

주장 - 사형 제도를 부활하면 사형 집행인이라는 새로운 직업을 창출할 수 있습니다.
반론 - 새로 만들어지는 일자리는 매우 적습니다. 그리고 그것이 사람의 생명을 앗아갈 만큼 충분한 이유가 될 수 없습니다.

6. 상대측 주장은 서로 관련이 없는 것입니다.

주장 - 여성의 권리를 신장하기 위해 최저임금을 올려야 합니다.
반론 - 최저 임금은 여성 남성 모두에 해당하는 것으로 여권 신장과 최저임금 상승은 관련이 없습니다.

7. 그 논거가 상대측의 주장을 증명해주는 것은 아닙니다.

주장 - 성매매는 심각한 문제입니다. 그러므로 성매매를 합법화해야 합니다.
반론 - 성매매가 심각한 문제라는 것이 성매매를 합법화해야 하는 것은 아닙니다. 상대측은 왜 합법화가 더 나은 해결 방식인지에 대해 증명하지 못했습니다.

8. 그 주장은 상대측 다른 토론자의 주장과 반대되는 것입니다.

주장 - 토론자 1 : 마약을 합법화하면 가격이 오를 것입니다. 세금이 붙기 때문입니다.
　　　　 토론자 2 : 마약을 합법화하면 가격이 내릴 것입니다. 판매상들이 인위적으로 부풀린 가격 거품이 사라지기 때문입니다.
반론 - 서로 다른 이야기를 하고 있습니다.

9. 그것은 논거가 아니라 주장입니다.

주장 - 더 많은 사람들이 대학을 가는 것은 좋은 일입니다.
반론 - 그것은 논거가 아니라 주장입니다. 왜 대학을 가는 것이 필연적으로 좋은지에 대해 설명해야 합니다.

10. 상대측의 예시는 옳지 않습니다.

주장 - 국가 간의 갈등은 UN이 조율하는 것이 효과적입니다. 예를 들어 이라크 전쟁은 UN의 조율로 잘 정리되었습니다.
반론 - UN은 이라크 전쟁에 개입하지 않았습니다.

* 참고 https://noisyclassroom.com

6. 토론을 위한 브레인 스토밍 활동지

브레인 스토밍 활동지 1 - 성탄인사 : Merry Christmas! vs Happy Holiday!

12월 25일 인사는 "메리 크리스마스" VS "해피 홀리데이"

매년 12월 25일
성탄절입니다.
"메리 크리스마스!"
하고 인사를 합니다.
종교적인
의미가 있지요.

이제는
"해피 홀리데이"라고
인사를 전하는
사람이 늘었습니다.
종교를 떠나
모두를 위한
인사지요.

"메리 크리스마스"라고
안부 전할 수 있는 사람이 있나요?

1.
2.
3.
4.
5.

"해피 홀리데이"라고
안부 전할 수 있는 사람이 있나요?

1.
2.
3.
4.
5.

- 당신은 사람들과 인사를 자주 나누나요?

- 어떤 인사말을 사용 하나요?

- 언제 인사를 나누나요?

- 당신은 종교적 인사가 좋나요? 아니면
  종교와 관계없는 인사가 좋나요?

- 사람들과 어떤 말로 인사를 나누나요?

- 익숙한 인사는 도움이 되나요?

- 때때로 변화는 힘든 일이 될 수 있을까요?
  특히 새로운 것을 써야 한다면 뭐가 좋을까요?

- 다른 인사말에 적응하는데 얼마나 걸리나요?

- 아이들이 인삿말을 쉽게 바꿀 수 있을까요?

- 이 논란은 무엇이 문제라고 생각하나요?

* 참고 https://noisyclassroom.com

브레인 스토밍 활동지 2 - 책 vs TV

책이 TV보다 유익하다

영화는 평균
약 100분정도
지속돼요.
책을 읽는 데 보통
얼마나 걸리나요?
책 두께나 그림이
있는지 여부에 따라
달라지나요?

해리 포터 책은
약 7백만 달러를
벌었고
해리포터 영화
또한 약 7백만 달러를
벌었어요.

**당신이 최근에 읽은
책 5권은 무엇인가요?**

1.
2.
3.
4.
5.

**당신이 최근에 본
TV 프로그램 5개는 무엇인가요?**

1.
2.
3.
4.
5.

-책을 좋아하나요 아니면 텔레비전을 좋아하나요?

-언제 책을 읽나요?

-언제 텔레비전을 보나요?

-집에서 책을 많이 읽으면 학교에서 도움이 되나요?

-독서는 때때로 힘든 일이 될 수 있을까요?
특히 책이 어렵다면요?

-TV 프로그램은 모두 오락적인 성격일까요?

-TV를 보는 것이 휴식을 취하는 좋은 방법일까요?

-텔레비전 프로그램으로부터 무언가를
배울 수 있나요?

-책을 만드는 데 얼마나 걸리나요?
TV 프로그램을 만드는 것이 더 빠를까요?

-TV 프로그램은 시청자 연령 제한이 있어서
어떤 프로그램은 아이들에게 적합하지 않아요.
책도 그런가요?

* 참고 https://noisyclassroom.com

브레인 스토밍 활동지 3 - 학교에서는 경쟁적 스포츠를 하지 말아야 한다.

학교에서는 경쟁적 스포츠를 하지 말아야 한다.

스포츠의 묘미는 경쟁이지요! 경쟁은 스포츠과학, 스포츠산업 등에 큰 영향을 미쳤습니다. 올림픽을 통해 국가의 위상이 올라갈 수도 있고요.

스포츠는 신체적·정신적 건강을 위한 것이지 승패를 가르기 위한 것은 아니지요. 승패에 집착하다보면 오히려 본래의 의미가 퇴색될 수 있어요.

경쟁 스포츠에는 무엇이 있다고 생각하나요?

1.
2.
3.
4.
5.

승자 패자가 없는 스포츠는 무엇이 있다고 생각하나요?

1.
2.
3.
4.
5.

-스스로의 목표를 달성하는 것이 더 나은가요? 다른 사람을 넘어서려고 노력하는 것이 더 나은가요?

-경쟁은 학생들에게 동기부여가 되나요?

-경쟁은 사람들에게 스트레스를 주고 폭력성, 왕따 문화를 조장하지 않나요?

-경쟁적 스포츠는 운동을 잘 하지 못하는 학생들에게는 불공정한가요?

-학교 밖에서 스포츠를 할 수 있는 곳이 있나요?

-학교에서 경쟁 스포츠를 금지한다면 올림픽 순위에 영향을 미칠까요?

-당신은 이겼을 때 또는 졌을 때 어떻게 행동하나요?

-우승자 또는 패배자가 되는 것을 바꿀 수 있는 스포츠 방식이 있나요?

-경쟁적 스포츠는 팀 경기가 많아요. 팀경기의 장점은 뭐가 있을까요?

* 참고 https://noisyclassroom.com

7. 토론을 위한 논거 만들기 연습 활동지

논거 만들기 연습 활동지 1 - 도박을 금지해야 한다.

도박을 금지해야 한다.

다음 주제에 대해 찬성과 반대 논거 만들기 연습을 해 봅시다.

찬성측

1. 도박은 중독성이 있으며 사람들은 중독성을 알지 못한 채 도박을 시작한다. 우리는 그들을 구해야 한다.

2. 도박은 사람들의 재정상태를 나쁘게 한다. 사람들은 돈을 잃을 수록 도박을 계속하게 된다.

3. 우리는 사람들이 무모하게 돈을 버리는 것을 막아야 한다.

반대측

1. 담배와 술도 중독성이다. 그러나 우리는 이것들을 금하지는 않는다.

2. 사람들은 자기가 좋아하는 것에 돈을 쓸 수 있어야 한다. 개인에게 무엇이 좋고 무엇이 나쁜지를 결정하는 것은 국가가 할 일이 아니다.

3. 도박은 극한 상황에 있는 사람들에게는 희망을 주기도 한다. 우리는 그들의 희망을 빼앗을 수 없다.

다음은 찬성과 반대 중 어느 쪽 논거에 해당하나요? 이에 대해 어떠한 반론이 가능한가요?

1. 국가는 우리의 선택과 자유를 제한한다. 예를 들어 안전벨트 착용등

2. 개인은 자신의 삶을 선택할 권리가 있다. 비록 그 선택의 결과가 좋지 않더라도

3. 도박은 사람들에게 몇 시간의 일탈을 가능하게 해준다.

4. 도박은 젊은이들에게 열심히 일할 필요가 없다는 메시지를 준다.

5. 도박은 사람들이 행복과 돈을 동일시 하도록 한다.

6. 도박을 금지한다면 도박은 지하로 숨어들어 관리가 더 어려워 질 것이다.

7. 법적으로 허용한다는 의미는 나쁜 상황으로 빠지는 사람들을 돕는다는 것을 의미한다.

그 외 다른 논거는?

* 참조 https://noisyclassroom.com

논거 만들기 연습 활동지 2 - 동물원을 없애야 한다.

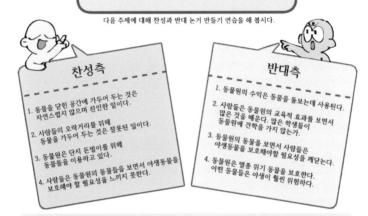

동물원을 없애야 한다.

다음 주제에 대해 찬성과 반대 논거 만들기 연습을 해 봅시다.

찬성측

1. 동물을 닫힌 공간에 가두어 두는 것은 자연스럽지 않으며 잔인한 일이다.

2. 사람들의 오락거리를 위해 동물을 가두어 두는 것은 잘못된 일이다.

3. 동물원은 단지 돈벌이를 위해 동물들을 이용하고 있다.

4. 사람들은 동물원의 동물들을 보면서 야생동물을 보호해야 할 필요성을 느끼지 못한다.

반대측

1. 동물원의 수익은 동물을 돌보는데 사용된다.

2. 사람들은 동물원의 교육적 효과를 보면서 많은 것을 배운다. 많은 학생들이 동물원에 견학을 가지 않는가.

3. 동물원의 동물을 보면서 사람들은 야생동물을 보호해야할 필요성을 깨닫는다.

4. 동물원은 멸종 위기 동물을 보호한다. 어떤 동물들은 야생이 훨씬 위험하다.

다음은 찬성과 반대 중 어느 쪽 논거에 해당하나요?

1. 동물원 안의 동물들의 삶은 비참하다.
   자신들의 자연환경과는 확연히 다른 환경에서 지내야만 한다.

2. 동물원은 우리가 학습할 수 있는 매우 좋은 공간이다.
   특히 멀리 떨어져 있는 지역에 대한 학습에 유용하다.

3. 동물원은 학자들이 많은 연구를 할 수 있도록 해준다.

4. 사람들이 먹이를 던지거나 유리를 두드리는 것은 동물들에게 심한 스트레스를 준다.

그 외 다른 논거는?

* 참조 https://noisyclassroom.com

8. 발표자 자기 점검표

	발표자 자기 점검표(Check List)[1]	O	X
1	발표하는 공간에서 가장 멀리 있는 물체를 찾아 자신의 목소리가 그곳까지 전달되는지 확인하라.		
2	조용한 목소리는 청중을 쉽게 잠들게 한다.		
3	당신이 말해야 하는 것에 집중하라. 당신이 말하고 있는 것에 집중하는 것이 아니다.		
4	구어체를 사용하는 것이 청중을 가장 쉽게 이해시킬 수 있는 방법이다.		
5	당신이 속어를 사용한다면 그것에 대해 설명을 하거나, 의도적으로 사용하는 것임을 암시하라.		
6	약어를 맨 처음 사용할 때는 원래 이름을 말하라.		
7	발음을 정확히 하라. 정확히 분절하여 발음하라.		
8	청중들의 반응을 즉각적으로 받아들여 가며 이야기하라.		
9	청중들은 발표자에게 빚지고 있는 것이 아무것도 없다. 모든 것은 당신 책임이다.		
10	무엇을 말하는가가 중요한 것이 아니다. 어떻게 말하는가가 중요하다.		
11	청중들과 시선 맞추는 것에 유의하라.		
12	당신의 비언어는 당신이 사용하는 말과 일치해야 한다.		
13	당신의 눈은 신뢰감을 전달한다. 청중이 당신의 눈을 보도록 하라.		
14	청중이 당신에게 가지는 첫인상은 처음 3초에 결정된다.		
15	당신이 일상 대화에서도 손동작을 사용한다면 프레젠테이션에서도 사용하라.		
16	청중의 수가 많아질수록, 당신의 몸동작이나 표현도 커져야 한다.		
17	프레젠테이션에 성공할 수 있는 가장 손쉬운 방법은 준비하는 것이다.		
18	슬라이드 한 장에 5줄 이상 들어가지 않도록, 한 줄에 5단어 이상 들어가지 않도록 하라.		
19	시각 자료 한 장은 하나의 주제만 담아야 한다.		
20	말하지 않을 것을 시각 자료에 넣지 말아야 한다.		

21	시각자료는 당신의 이야기보다 앞서지도 뒤서지도 않아야 한다.		
22	청중이 시각 자료를 보기를 원한다면 당신도 시각자료를 봐야 한다. 청중이 당신을 보기를 원한다면 당신은 청중을 보면 된다.		
23	얼마나 자주 연습하는지가 얼마나 오래 연습했는가보다 중요하다.		
24	그날 그 상황에 맞는 느낌으로 전달하라.		
25	질문자는 방의 이곳저곳에서 지목하라.		
26	질문을 받는 동안은 질문자에게 전적으로 주목하라.		
27	질문을 이해하지 못했다면 다시 물어보라.		
28	질문을 모든 청중을 향해 반복하라.		
29	정답을 모른다면 추측하지 말라.		
30	답변은 10초 안에 하라.		
31	답변은 반드시 확인하라.		

---

1) Thomas K. Mira, *Speak Smart, The art of Public Speaking,* The Princeton Review, 1997.

9. 대화 능력 평가표

대화능력평가표[2]

| 본인 이름: | 파트너 이름: |

등급 설명

1	미흡	어색하고 서투름, 듣기에 자연스럽지 않음
2	부족	때로는 어색하고 때로는 적절
3	적절	충분하나 우수하지는 않음, 긍정적이지도 부정적이지도 않음
4	좋음	적절함과 우수함 사이
5	우수	화자가 자신의 말하기를 조절하며 자연스러움, 긍정적 인상을 줌

평가 항목

1	말하기 속도, 빠르거나 느리지 않음	1	2	3	4	5
2	말하기 유창성 ('어' 등의 불필요한 추임새 사용하는지, 적절하게 끊어 말하는지)	1	2	3	4	5
3	목소리 신뢰성 (긴장되었는지, 과장되게 힘이 들어가 있는지)	1	2	3	4	5
4	발음, 분절 (발음의 명확성)	1	2	3	4	5
5	목소리 변화 (지나치게 모노톤이거나 지나치게 과장되지 않았는지)	1	2	3	4	5
6	성량	1	2	3	4	5
7	자세 (경직되었는지, 지나치게 여유로운지)	1	2	3	4	5
8	상대와의 거리감 (지나치게 가깝지도 멀지도 않음)	1	2	3	4	5
9	떨림이나 경련	1	2	3	4	5
10	잔 동작 (다리 떨기, 손가락 치기, 머리 만지기 등)	1	2	3	4	5
11	표정 (무표정인지, 과장되었는지)	1	2	3	4	5
12	상대 이야기에 긍정 표시 (가벼운 머리 끄덕임 등)	1	2	3	4	5

13	중요 부분 강조	1	2	3	4	5
14	유머나 스토리 사용	1	2	3	4	5
15	미소나 웃음	1	2	3	4	5
16	시선 처리	1	2	3	4	5
17	질문하기	1	2	3	4	5
18	상대방을 대화에 참여시키려는 노력	1	2	3	4	5
19	자신에 대한 이야기를 지나치게 많이 하거나 적게 하지 않는지	1	2	3	4	5
20	상대의 이야기에 동의하거나 상대가 이야기할 수 있도록 배려하는지	1	2	3	4	5
21	자신의 의견을 지나치게 소극적 또는 지나치게 적극적으로 표현하는지	1	2	3	4	5
22	주제 전환이 매끄러운지	1	2	3	4	5
23	이야기 중인 주제를 잘 유지하며 상대 이야기에 호응을 잘 하는지	1	2	3	4	5
24	상대가 이야기할 수 있도록 중단하는지	1	2	3	4	5
25	대화에서 상대와 비슷한 분량의 시간을 사용하는지	1	2	3	4	5

전체 평가

유능하지 못한 커뮤니케이터	1	2	3	4	5	6	7	유능한 커뮤니케이터
적절하지 못한 커뮤니케이터	1	2	3	4	5	6	7	적절한 커뮤니케이터
효율적이지 못한 커뮤니케이터	1	2	3	4	5	6	7	효율적인 커뮤니케이터

그 외 :

---

2) Brian H. Spitzberg, CSRS The Conversational Skills Rating Scale, An instructional assessment of onterpersonal competence, NCA

◆ 참고문헌 ◆

● 책

김광수, 『논리와 비판적 사고』, 철학과현실사, 2007.

김복순 외, 『발표와 토의』, 명지대학교출판부, 2000.

김주환, 『교실 토론의 방법』, 나라말, 2007.

박현희, 『(토론의 달인을 키우는) 토론 수업』, 즐거운학교, 2011.

유동걸, 『토론의 전사 2』, 해냄에듀, 2015.

이두원, 『논쟁-입장과 시각의 설득』, 커뮤니케이션북스, 2005.

이정옥, 『토론의 전략』, 문학과 지성사, 2008.

정문성, 『토의・토론 수업방법 84』, 교육과학사, 2017.

장혜영, 『발표와 토의-분석적 듣기와 비판적 말하기를 위한 이론과 실습』, 커뮤니케이션북스, 2012.

장혜영 외, 『사고와 표현-말하기』, 명지대학교출판부, 2015.

하병학, 『토론과 설득을 위한 우리들의 논리』, 철학과현실사, 2000.

함주한, 『프레젠테이션 상식 사전』, 길벗, 2008.

교과교재 출간위원회, 『소통의 기초-스피치와 토론』, 성균관대학교출판부, 2014.

Robert Cialdini, 『설득의 심리학』, 21세기북스, 2002.

Schopenhauer, 『쇼펜하우어의 토론의 법칙』, 최성욱 역, 원앤원북스, 2003.

Alfred Snider, *Sparking the Debate : How to Create a Debate Program*, International debate education association, New York, 2014.

Alfred Snider & Maxwell Schnurer, *Many sides, Debate across the curriculum*, International debate education association, 2002.

Freeley Austin J. *Argumentation and Debate −Critical Thinking for Reasoned Decision Making*, Wadsworth Publishing Co, 1996.

Kate Shuster & John Meany, *Speak out! Debate and public speaking in the middle grades*, IDEBATE Press, 1974.

The California High School Speech Association's Curriculum Committee, *Speaking across the curriculum, Practical ideas incorporating listening and speaking into the classroom*, IDEA Press, 2004.

Thomas K. Mira, *Speak Smart, The art of Public Speaking*, The Princeton Review, 1997.

● 인터넷 사이트

www.kobaco.co.kr   (한국방송광고진흥공사)

https://www.natcom.org   (NCA National Communication Association)

https://noisyclassroom.com   (Noisy Classroom Ltd.)

https://debate.uvm.edu/   (DEBATE CENTRAL of the World Debate Institute)

https://idebate.org   (International Debate Education Association)

https://www.esu.org   (English Speaking Union)

https://debatecoaches.org   (The National Debate Coaches Association)

https://www.middleschooldebate.com/   (Middle School Public Debate Program)

https://www.artsunit.nsw.edu.au   (Leaders in Arts Education Speaking Competitions)

장혜영

이화여자대학교 불문과를 졸업하고, 파리 IV 대학에서 문학박사 학위를 받았다. 현재 명지대학교 방목기초교육대학 교양학부 교수로 재직 중이며, 명지대학교 사회교육대학원 평생교육학과 주임교수를 겸직하고 있다. 저서로는『발표와 토의-분석적 듣기와 비판적 말하기를 위한 이론과 실습』,『사고와 표현-말하기』,『독서 토론』이 있고, 역서로는『논증의 역사』,『논술 연습』,『청소년을 위한 철학 교실』등이 있다. 논문으로는「말하기, 듣기 교육의 현황과 발전 방향 연구」,「아카데미 토론 평가에 대한 재고찰」,「토론 교육 관련 연구 흐름 분석을 통한 대학 토론 교육 의미 재고」,「졸업 연설문에 드러난 스피치의 공감적 요소 분석」,「신문 기사를 통한 제19대 대통령 선거 후보자 TV 토론회 분석」등이 있다.

윤수영

명지대학교 사회교육대학원 평생교육학과 토론지도 전공으로 석사 학위를 받았다. 현재 전국 초·중·고·대학생 토론대회 심사위원이며 서울, 경기 초·중등학교에서 국어과 독서 토론 지도를 하고 있다. 시립도서관에서 토론 지도와 함께 청소년 인문학 특강을 진행하고 있으며 서울시 50플러스에서 토론 스피치, 군포 평생교육관에서 독서 토론지도 강사를 역임하였다. 교육 법인 〈우리를 리드하라〉 대표이다.

손은영

명지대학교 사회교육대학원 평생교육학과 토론지도 전공 졸업 예정이다. 현재 한국 토론 대학 전문 코치이며, 한국디베이트코치협회 디베이트 코치 양성과정 전문 강사이다. 전국 초·중·고등학생 토론대회 운영과 심사 위원, 전국 초·중등교사 토의·토론 직무연수 강사, 인문학 디베이트 강사로 활동 중이다. 입시연구소 〈창의적 열정〉 교육 이사로 재직 중이고, 토론·논술 〈디베이:뜰〉 대표이다.

정인숙

명지대학교 사회교육대학원 평생교육학과 토론지도 전공 졸업 예정이다. 현재 한국언론진흥재단 미디어 리터러시 전문 강사이며, 중학교 및 국공립 도서관에서 NIE · 논술 · 토론 · 역사 강사로 활동 중이다. 조선일보(리더스)에서 NIE 지도사 양성과정 전문 강사로, ㈜교원에서 사내 전문 강사로 활동하였다. 한국콘텐츠융합연구소에서 교육 콘텐츠를 연구하여 저서로는『누구나 따라하면 키워지는 핵심역량 교수법』(2019)이 있다.

김봉선

명지대학교 사회교육대학원 평생교육학과 토론지도 전공 졸업 예정이다. 2002년부터 중 · 고등학교 국어교사로 재직 중이며 현재 경기도 고양시 성사중학교에서 근무하고 있다. 경기도교육청 도서관활용수업대회에서 입상하였고, 중등교사독서교육 연수 강사, 고양시교육청 도서관 · 독서TF팀으로 활동하였다. 전국학생토론대회 심사 위원, 고양시 토론교육연구회 일원으로 활동하고 있다.

수업에 바로 적용하는

듣기·말하기 토의·토론 방법

초판인쇄 2019년 5월 6일
초판발행 2019년 5월 6일

지은이 장혜영·윤수영·손은영·정인숙·김봉선
펴낸이 채종준
펴낸곳 한국학술정보㈜
주소 경기도 파주시 회동길 230(문발동)
전화 031) 908-3181(대표)
팩스 031) 908-3189
홈페이지 http://ebook.kstudy.com
전자우편 출판사업부 publish@kstudy.com
등록 제일산-115호(2000. 6. 19)

ISBN 978-89-268-8808-7 93710

이 책은 한국학술정보(주)와 저작자의 지적 재산으로서 무단 전재와 복제를 금합니다.
책에 대한 더 나은 생각, 끊임없는 고민, 독자를 생각하는 마음으로 보다 좋은 책을 만들어갑니다.